컴선생 여우님 최고 작품집 2010

초판 발행일 | 2016년 03월 02일
지은이 | 방과후교육연구회
펴낸이 | 박재영
총편집인 | 이준우
기획진행 | 최진석

주소 | 서울시 마포구 양화로 125, 8층(서교동, 경남관광빌딩)
문의전화 | 02-6337-5419 **팩스** | 02-6337-5429
홈페이지 | http://www.hrbooks.co.kr

발행처 | (주)해람북스 **출판등록번호** | 제2013-000285호

ISBN 979-11-5892-013-5 13000

상담을 원하시거나 아이가 컴퓨터 수업에 출석할 수 없는 경우 아래 연락처로 미리 연락주시기 바랍니다.

★ 컴퓨터 선생님 성함 : ______________ ★ 내 자리 번호 : __________

★ 컴퓨터 교실 전화번호 : ______________________________

★ 나의 컴교실 시간표 요일 : ______________ 시간 : ______________

※ 학생들이 컴퓨터실에 올 때는 컴퓨터 교재와 필기구를 꼭 챙겨서 올 수 있도록 해 주시고, 인형, 딱지, 휴대폰 등은 컴퓨터 시간에 꺼내지 않도록 지도 바랍니다.

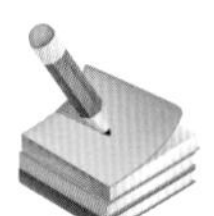

시간표 및 출석 확인란입니다. 꼭 확인하셔서 결석이나 지각이 없도록 협조 바랍니다.

________ 월

월	화	수	목	금

시간표 및 출석 확인란입니다. 꼭 확인하셔서 결석이나 지각이 없도록 협조 바랍니다.

_______ 월

월	화	수	목	금

시간표 및 출석 확인란입니다. 꼭 확인하셔서 결석이나 지각이 없도록 협조 바랍니다.

_______ 월

월	화	수	목	금

나의 타자 단계

이름 : ____________________

오타가수가 5개를 넘지 않은 친구는 선생님께 확인을 받은 후 다음 단계로 넘어가서 연습합니다.

낱말 연습	1단계	2단계	3단계	4단계	5단계	6단계	7단계	8단계
보고하기								
안보고하기								

낱말 연습	1단계	2단계	3단계	4단계	5단계	6단계	7단계	8단계
보고하기								
안보고하기								

짧은글 연습	1번 연습	2번 연습	3번 연습	4번 연습	5번 연습	6번 연습	7번 연습	8번 연습
10개 이상								
20개 이상								
30개 이상								

이 책의 순서

한글2010

파워포인트 2010

엑셀 2010

01강 팬시아트 만들기

오늘의 미션!!

- 그리기 도구, 글상자, 그리기 마당을 이용하여 팬시아트를 만들어 보자.
- 라벨지에 인쇄하여 책과 공책, 필기구에 붙여 사용하여 보자.

무엇을 만들까요?

완성파일:완성₩팬시아트.hwp

미션1 메모지 스티커를 만들어 보아요.

01 [쪽]-[편집용지 F7] 메뉴에서 위쪽, 아래쪽, 왼쪽, 오른쪽 여백을 '10mm', 머리말, 꼬리말 여백을 '0mm'로 변경한 후 설정을 선택합니다.

02 [입력] 탭의 [개체] 항목 상자에서 '직사각형(□)'을 이용하여 도형을 그리고 개체 속성(P)의 [기본] 탭에서 너비 '80mm', 높이 '70mm'으로 설정합니다.

03 개체 속성의 [선] 탭에서 선 색과 종류를 설정합니다.

04 [입력] 탭의 [개체] 항목 상자에서 '가로 글상자( )'를 이용하여 "MEMO"라고 적고 개체 속성의 [선] 탭에서 종류를 '선 없음'으로 설정합니다.

05 [입력]-[그림] 메뉴에서 '그리기마당( )'을 이용하여 [그리기 조각] 탭의 '전통(전래동화)'에서 '개와고양이'를 삽입합니다.

미션2 이름표 스티커를 만들어 보아요.

01 [입력] 탭의 [개체] 항목 상자에서 '직사각형(□)'을 이용하여 도형을 그리고 개체 속성(P)의 [기본] 탭에서 너비 '50mm', 높이 '30mm'를 설정합니다.

02 개체 속성의 [선] 탭에서 원하는 선 색, 굵기, 사각형 모서리 곡률-둥근 모양을 지정합니다.

03 개체 속성의 [채우기] 탭에서 원하는 면 색을 지정합니다.

04 [입력] 탭의 [개체] 항목 상자에서 '가로 글상자( )'를 이용하여 내용을 입력하고 개체 속성의 [선] 탭에서 종류를 '선 없음'으로 지정합니다.

05 [입력]-[그림] 메뉴에서 '그리기마당( )'을 이용하여 [그리기 조각] 탭에서 알맞은 그림을 삽입합니다.

06 [도형] 탭에서 '개체 선택( )'을 클릭하고 이름표 스티커 도형 주위를 드래그하여 모든 도형을 선택을 하고 '개체 묶기( )'를 선택합니다.

07 개체 묶기 한 도형을 Ctrl 을 누른 채 드래그하여 복사한 후 채우기 색과 선 색, 조각 그림을 변경합니다.

★ 하나 더 알고가요 ★

개체 묶기한 도형을 변경하려면 [그리기] 도구 상자의 '개체 풀기'를 클릭해야 합니다.

미션3 연필띠 스티커를 만들어 보아요.

 이 펜은 3학년 4반 장우영꺼예요~ 주우신분은 저에게 돌려주세요~ 

이 펜은 3학년 4반 장우영꺼예요~ 주우신분은 저에게 돌려주세요~

 이 연필은 3학년 4반 장우영꺼예요~ 주우신분은 저에게 돌려주세요~ 

 이 연필은 3학년 4반 장우영꺼예요~ 주우신분은 저에게 돌려주세요~ 

- 글꼴:오이
- 크기:12
- 기타:가운데 정렬

01 [입력] 탭의 [개체] 항목 상자에서 '직사각형(□)' 을 이용하여 도형을 그리고 개체 속성(P)의 [기본] 탭에서 너비 '160mm' , 높이 '10mm' 를 설정합니다.

02 개체 속성의 [선] 탭에서 원하는 선 색, 굵기, 사각형 모서리 곡률-둥근 모양을 지정합니다.

03 개체 속성의 [채우기] 탭에서 '색 채우기 없음' 을 지정합니다.

04 [입력] 탭의 [개체] 항목 상자에서 '가로 글상자( )' 를 이용하여 내용을 입력하고 개체 속성의 [선] 탭에서 종류를 '선 없음' 으로 지정합니다.

05 [입력]-[그림] 메뉴에서 '그리기마당( )' 을 이용하여 [그리기 조각] 탭에서 알맞은 그림을 삽입합니다.

06 [도형] 탭에서 '개체 선택( )' 을 클릭하고 연필띠 스티커 도형 주위를 드래그하여 모든 도형을 선택을 하고 '개체 묶기( )' 를 선택합니다.

07 개체 묶기 한 도형을 Ctrl 과 Shift 를 함께 누른 채 드래그하여 복사한 후 선 색, 조각 그림을 지정합니다.

08 라벨지에 인쇄하여 활용해 봅니다.

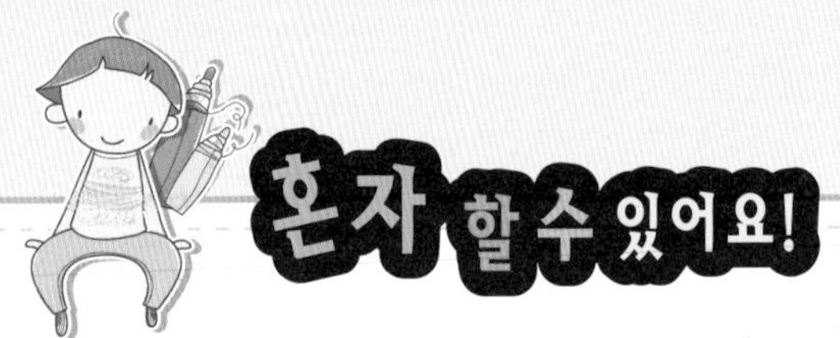

완성파일:완성₩칭찬스티커.hwp

그리기 도구 상자와 글상자를 이용하여 칭찬 스티커를 만들어 보세요.

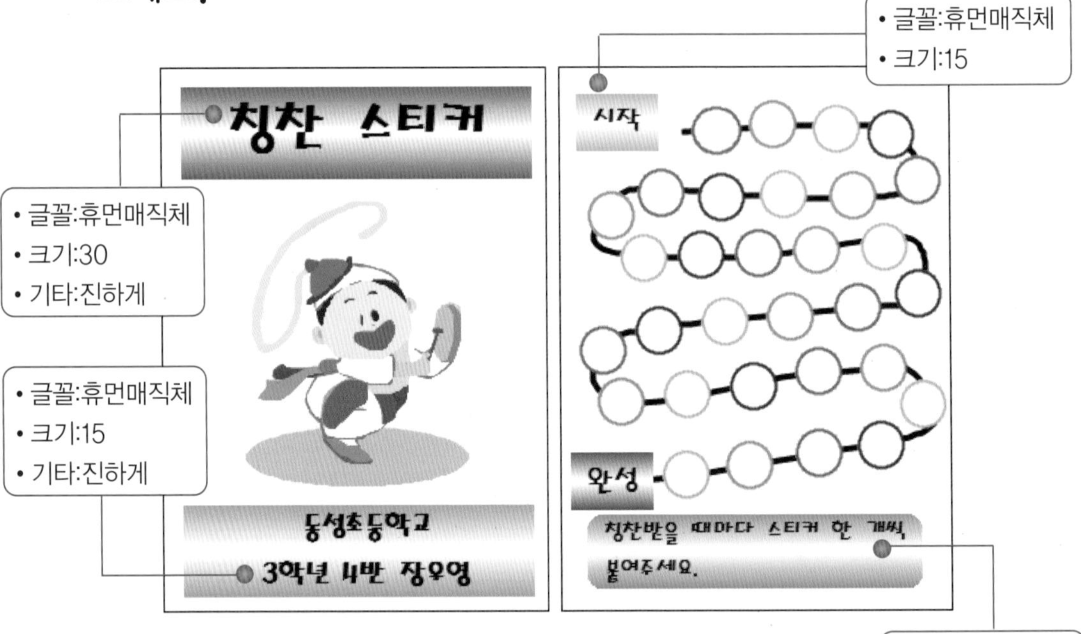

Hint

❶ 너비 70, 높이 95mm 직사각형 도형을 삽입한 후 Ctrl + Shift 를 누른 채 드래그하여 복사합니다.

❷ 너비 64, 높이 16mm 글상자를 삽입한 후 내용을 입력하고 채우기-그러데이션을 지정합니다.

❸ 나머지 글상자를 삽입한 후 채우기-그러데이션을 지정하고 각각 내용을 입력합니다.

❹ 곡선 그리기를 이용하여 선 굵기 1mm인 도형을 그림과 같이 그립니다.

❺ 너비 8, 높이 8mm 타원 도형을 삽입한 후 면 색을 흰색으로 지정하고 선 색과 굵기를 원하는 것으로 지정합니다.

❻ Ctrl 을 누른 채 타원 도형을 드래그하여 복사하고 원하는 선 색으로 변경합니다.

❼ 반을 접어서 풀로 붙이고 코팅을 한 다음 구멍을 뚫어 줄에 매달아 사용합니다.

02강 액자 만들기

오늘의 미션!!

- 도형에 그림을 삽입하여 액자를 만들어 보자.
- 만든 작품을 인쇄하여 전시하여 보자.

무엇을 만들까요?

완성파일:완성₩액자만들기.hwp

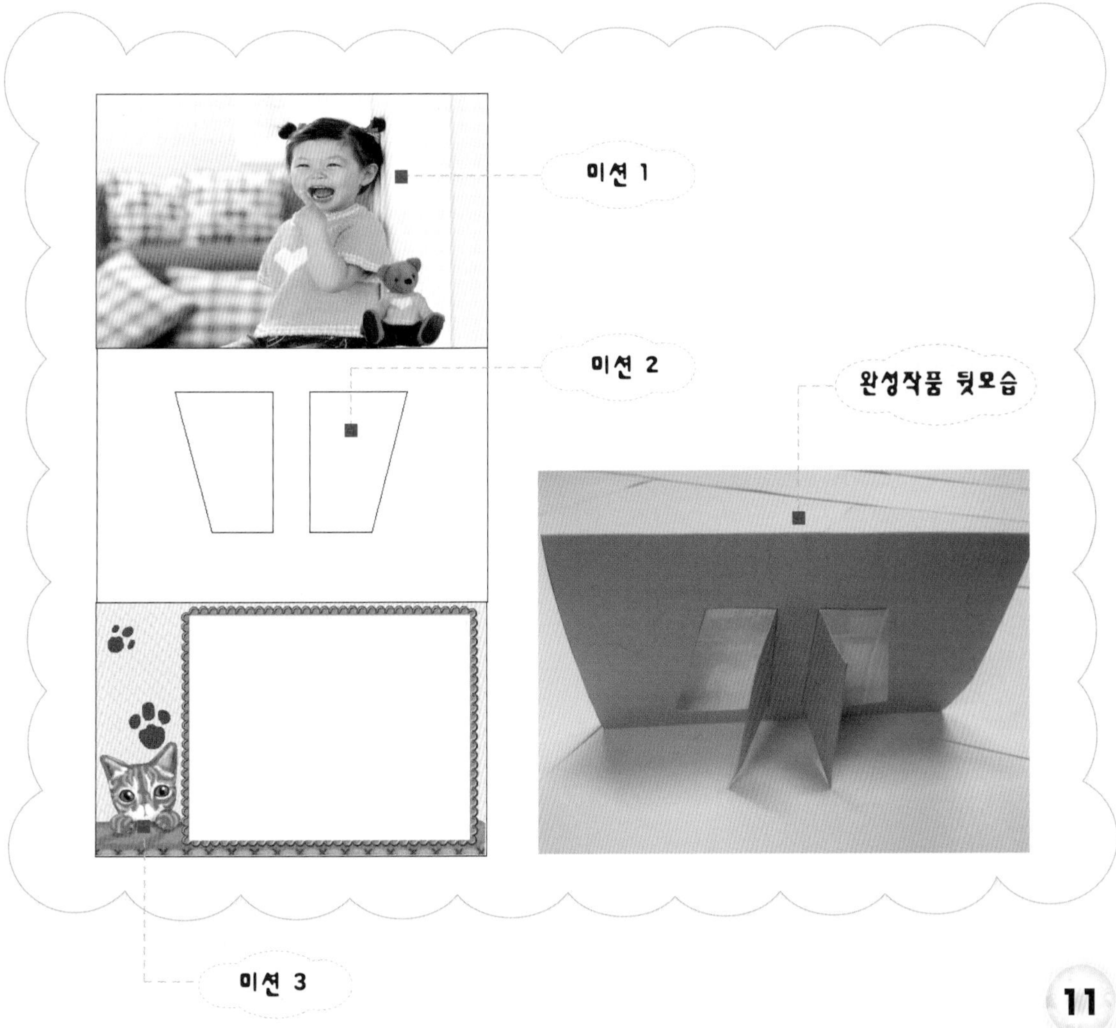

미션 1

미션 2

완성작품 뒷모습

미션 3

미션1 첫 번째 사각형을 꾸며 보아요.

예제파일:웃어요.jpg, 곰인형.jpg

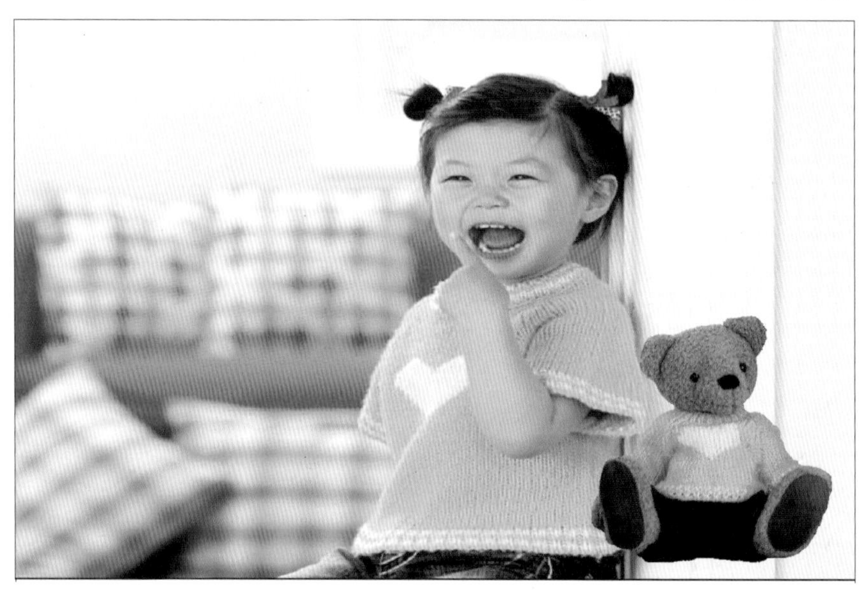

01 [쪽]–[편집용지 F7] 메뉴에서 위쪽, 아래쪽, 왼쪽, 오른쪽 여백을 '10mm', 머리말, 꼬리말 여백을 '0mm'로 변경한 후 설정을 선택합니다.

02 [입력] 탭의 [개체] 항목 상자에서 '직사각형(□)'으로 사각형을 그리고 개체를 더블클릭하여 [기본] 탭에서 너비 '140mm', 높이 '90mm'으로 설정합니다.

03 직사각형을 Ctrl 과 Shift 를 누르고 드래그하여 2번을 복사한 후 3개의 사각형을 적절하게 배치합니다.

04 첫 번째 사각형을 더블클릭하여 개체 속성의 [채우기] 탭에서 '그림'을 체크하고 알맞은 그림을 선택한 후 유형을 '크기에 맞추어'로 설정합니다.

05 [입력]–[그림] 메뉴에서 '그림( )'을 이용하여 곰인형 이미지를 불러옵니다.

06 곰인형 이미지를 선택한 후 '글 앞으로( )'를 클릭하여 알맞은 곳에 배치합니다.

두 번째 사각형을 꾸며 보아요.

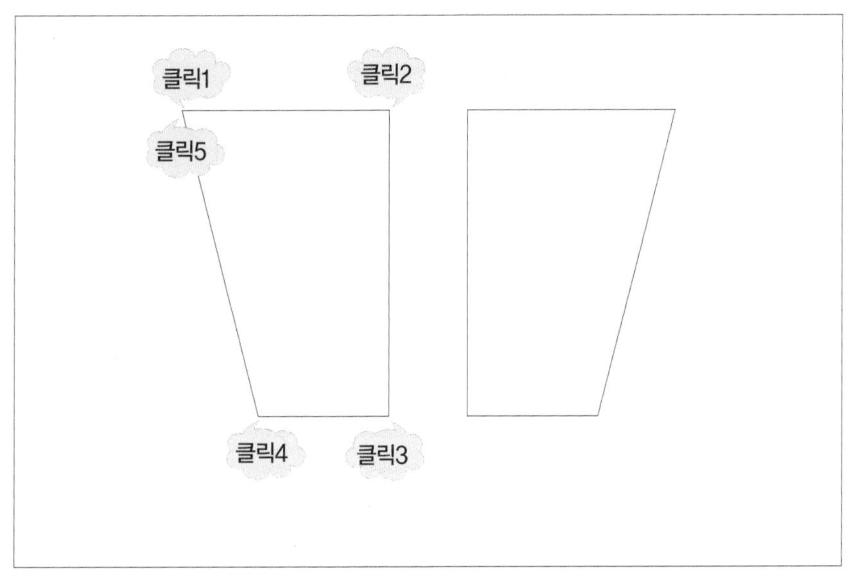

01 두 번째 사각형 도형 위에서 [입력] 도구 상자의 '다각형( )' 을 선택하고 왼쪽 모서리부터 클릭하여 다각형을 그립니다.

02 만든 다각형을 Ctrl 과 Shift 를 누르고 오른쪽으로 드래그하여 복사를 합니다.

03 [도형] 탭의 [회전/대칭] 항목에서 '좌우 뒤집기( )' 를 선택하여 액자 뒤쪽 받침을 완성합니다.

★ 하나 더 알고가요 ★

- Shift 를 누른 채 다각형을 그리면 선이 똑바로 잘 그려집니다.
- 잘못 그려진 다각형을 지울때에는 다각형을 선택한 후 Delete 를 누르면 선택한 개체가 지워집니다.

세 번째 사각형을 꾸며 액자를 완성해 보아요.

예제파일:액자1.jpg

01 세 번째 사각형을 더블클릭하여 개체 속성의 [채우기] 탭에서 '그림'을 체크하고 '열기', 알맞은 그림을 선택하고 채우기 유형을 '크기에 맞추어'로 설정합니다.

02 인쇄를 하여 액자를 완성합니다.

★ 액자 만드는 방법 ★

------------- 접기

———————— 자르기

고양이 이미지 뒷면을 풀칠하여 붙이면 더 단단한 액자를 만들 수 있습니다.

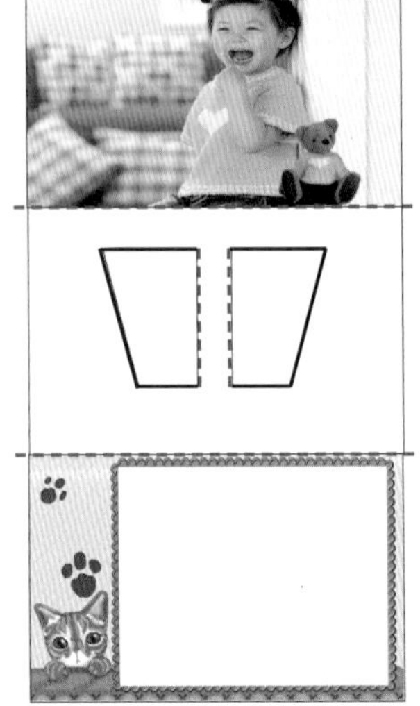

완성파일:완성₩액자만들기-혼자.jpg
예제파일:땡땡이.jpg, 바탕.jpg

책상 위에 올려놓을 메모 액자를 만들어 보세요.

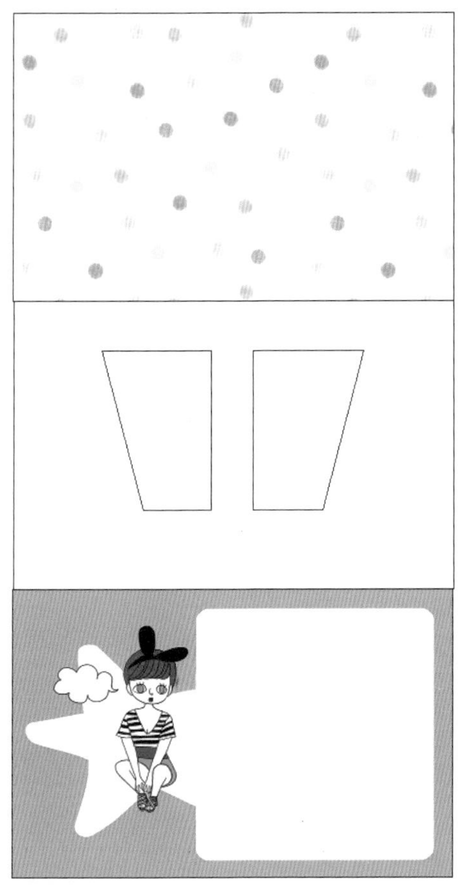

Hint

❶ [쪽]-[편집용지 F7] 메뉴에서 위쪽, 아래쪽, 왼쪽, 오른쪽 여백을 '10mm', 머리말, 꼬리말 여백을 '0mm'로 변경한 후 설정을 선택합니다.

❷ [입력] 탭의 [개체] 항목 상자에서 '직사각형( )'으로 사각형을 그리고 개체를 더블클릭하여 [기본] 탭에서 너비 '140mm', 높이 '90mm'으로 설정합니다.

❸ 직사각형을 복사한 후 그림을 삽입하고 '다각형( )'을 이용하여 메모 액자를 완성합니다.

03강 튼튼 달력 만들기

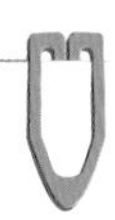

오늘의 미션!!

- 글맵시와 표를 이용하여 튼튼 달력을 만들어 보자.
- 표에 숫자와 타원 도구를 삽입하는 방법을 알아보자.

 무엇을 만들까요?

완성파일:완성₩튼튼달력.hwp

미션 1

동원이의 튼튼 달력

장백초등학교 3학년 1반 정동원

일	월	화	수	목	금	토
	1 숙 학 줄 독 타 피	2 숙 학 줄 독 타 피	3 숙 학 줄 독 타 피	4 숙 학 줄 독 타 피	5 숙 학 줄 독 타 피	6
7 지난 주를 되돌아보고 새로운 마음 다지기	8 숙 학 줄 독 타 피	9 숙 학 줄 독 타 피	10 숙 학 줄 독 타 피	11 숙 학 줄 독 타 피	12 숙 학 줄 독 타 피	13
14 지난 주를 되돌아보고 새로운 마음 다지기	15 숙 학 줄 독 타 피	16 숙 학 줄 독 타 피	17 숙 학 줄 독 타 피	18 숙 학 줄 독 타 피	19 숙 학 줄 독 타 피	20
21 지난 주를 되돌아보고 새로운 마음 다지기	22 숙 학 줄 독 타 피	23 숙 학 줄 독 타 피	24 숙 학 줄 독 타 피	25 숙 학 줄 독 타 피	26 숙 학 줄 독 타 피	27
28 지난 주를 되돌아보고 새로운 마음 다지기	29 숙 학 줄 독 타 피	30 숙 학 줄 독 타 피	31 숙 학 줄 독 타 피			

미션 2

나의 암호

숙 - 숙제, 학 - 학원
줄 - 줄넘기 연습, 독 - 독서
타 - 타자 연습, 피 - 피아노 연습

매일매일 실천하여 해당하는 곳에 예쁘게 색칠해 주세요~^^

미션 3

글맵시를 만들어 보아요.

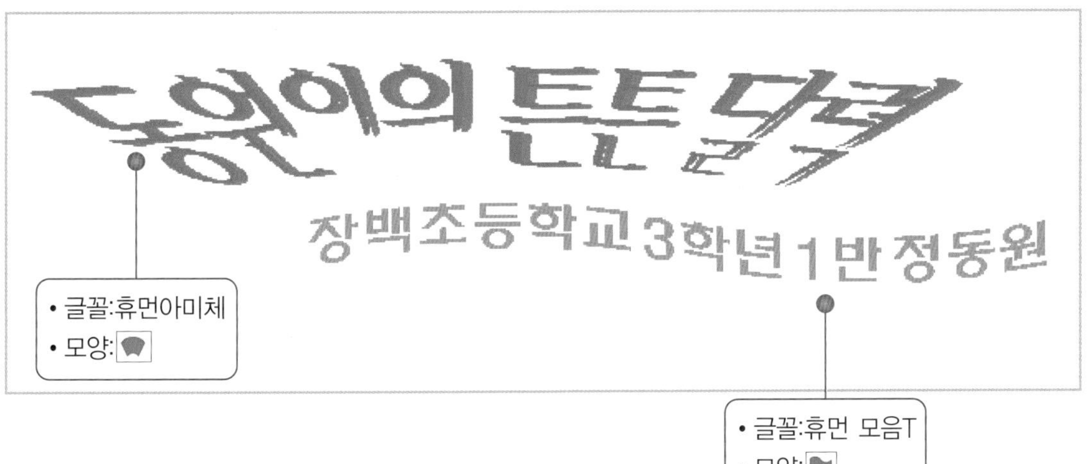

01 [쪽]-[편집용지 F7] 메뉴에서 위쪽, 아래쪽, 왼쪽, 오른쪽 여백을 '20mm', 머리말, 꼬리말 여백을 '0mm'로 변경한 후 설정을 선택합니다.

02 [입력]-[개체]-[글맵시] 또는 [기본] 도구 상자의 '글맵시( )' 이용하여 "동원이의 튼튼 달력"을 입력하고 글꼴과 글자 모양을 지정합니다.

03 첫 번째 글맵시를 더블클릭하여 개체 속성의 [기본] 탭에서 너비 '150mm', 높이 '20mm'로 설정합니다.

04 개체 속성의 [채우기] 탭에서 면색을 선택합니다.

05 [글맵시] 탭의 그림자에서 '비연속'을 선택하고 그림자 색, X 위치, Y 위치를 지정합니다.

06 두 번째 글맵시를 삽입한 후 더블클릭하여 개체 속성의 [기본] 탭에서 너비 '120mm', 높이 '15mm'로 설정합니다.

07 채우기 색과 모양 등을 지정하여 완성 합니다.

미션2 달력을 만들어 보아요.

일	월	화	수	목	금	토
	1 숙 학 풀 독 타 피	2 숙 학 풀 독 타 피	3 숙 학 풀 독 타 피	4 숙 학 풀 독 타 피	5 숙 학 풀 독 타 피	6
7 지난 주를 되돌아보고 새로운 마음 다지기	8 숙 학 풀 독 타 피	9 숙 학 풀 독 타 피	10 숙 학 풀 독 타 피	11 숙 학 풀 독 타 피	12 숙 학 풀 독 타 피	13
14 지난 주를 되돌아보고 새로운 마음 다지기	15 숙 학 풀 독 타 피	16 숙 학 풀 독 타 피	17 숙 학 풀 독 타 피	18 숙 학 풀 독 타 피	19 숙 학 풀 독 타 피	20
21 지난 주를 되돌아보고 새로운 마음 다지기	22 숙 학 풀 독 타 피	23 숙 학 풀 독 타 피	24 숙 학 풀 독 타 피	25 숙 학 풀 독 타 피	26 숙 학 풀 독 타 피	27
28 지난 주를 되돌아보고 새로운 마음 다지기	29 숙 학 풀 독 타 피	30 숙 학 풀 독 타 피	31 숙 학 풀 독 타 피			

- 글꼴:복숭아
- 크기:20
- 기타:진하게

- 글꼴:복숭아
- 크기:15

01 줄 수: '6', 칸 수: '7' 인 표를 삽입합니다.

02 요일과 날짜를 입력한 후 글자 모양을 지정하고 표의 높이를 크게 늘립니다.

03 날짜를 입력한 부분을 블록 지정한 후 [표]-[표/셀 속성] 메뉴를 선택하고 [셀] 탭의 속성에 세로 정렬 '위' 를 지정합니다.

04 요일을 쓴 줄을 블록 지정하고 [표]-[셀 테두리/배경]-[각 셀마다 적용] 메뉴를 선택하고 [배경] 탭에서 면 색을 지정합니다.

05 숫자 1을 쓴 표 안에 '타원 그리기(○)' 을 이용하여 타원을 그리고 너비 '8', 높이 '8' 로 설정합니다.

06 타원을 선택한 상태에서 마우스 오른쪽 단추를 눌러 '글상자로' 를 선택한 후 내용을 입력하고 복사합니다.

글상자를 만들어 보아요.

예제파일:병아리.gif

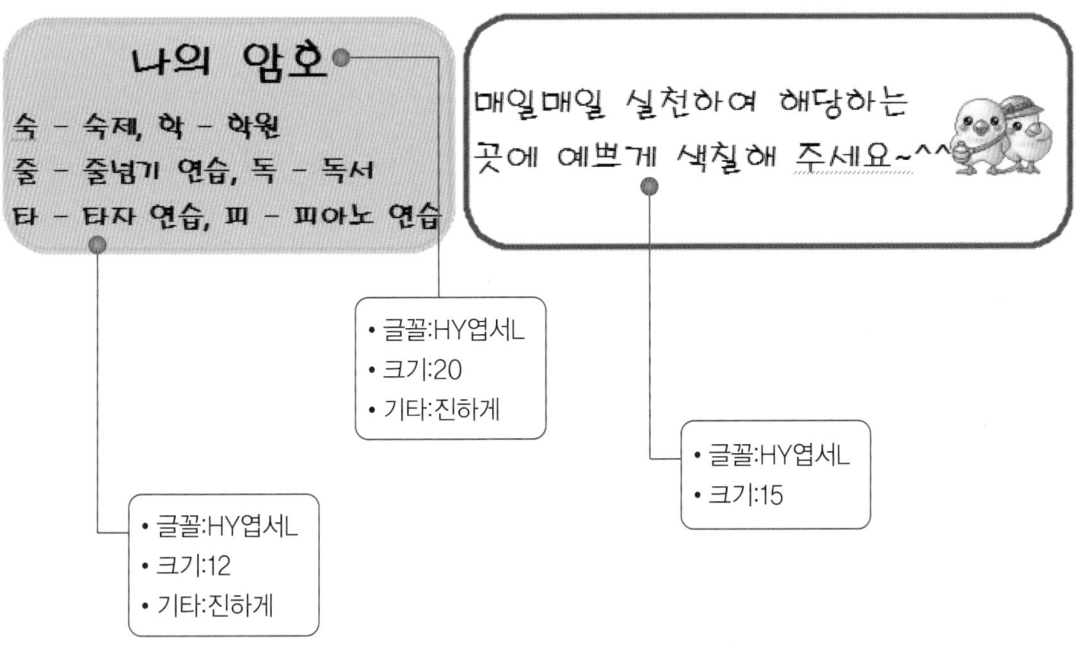

01 [입력] 탭의 [개체] 항목 상자에서 '가로 글상자(▤)'를 이용하여 알맞은 내용을 입력하고, 글자 모양을 바꿔줍니다.

02 글상자를 더블클릭하여 [개체 속성]-[선] 탭에서 선 색, 종류, 굵기를 선택하고 사각형 모서리 곡률에서 '둥근 모양', [채우기] 탭에서 면 색을 지정합니다.

03 두 번째 글상자도 같은 방법으로 지정해 줍니다.

04 [입력]-[그림] 메뉴 또는 입력] 탭의 [개체]에서 '그림(▤)'을 선택하여 알맞은 그림을 넣어 줍니다.

완성파일:완성₩독서통장.hwp
예제파일:곰1.jpg, 곰2.jpg

표 셀 합치기 기능을 이용하여 독서 통장을 만들어 보세요.

글꼴:휴먼둥근헤드라인

NO	읽은 날짜		책 제목	지은이	책 읽고 나의 한 마디	확인
1	시작	월 일				
	끝	월 일				
	시작	월 일				
	끝	월 일				
	시작	월 일				
	끝	월 일				
4	시작	월 일				
	끝	월 일				
5	시작	월 일				
	끝	월 일				
6	시작	월 일				
	끝	월 일				
7	시작	월 일				
	끝	월 일				
8	시작	월 일				
	끝	월 일				

• 글꼴:옥수수
• 크기:10

오늘 나를 있게 한 것은 우리 동네 도서관이었다. 하버드 대학의 졸업장보다 소중한 것이 책을 읽는 습관이다. - 빌게이츠 -

• 글꼴:강낭콩
• 크기:20
• 기타:진하게

Hint

❶ [쪽]-[편집 용지] 메뉴를 눌러 용지 방향을 '넓게' 지정합니다.

❷ 글맵시를 삽입하여 모양(◀)과 그림자-비연속, 5%, 10%를 지정합니다.

❸ 곰1.jpg와 곰2.jpg 그림을 삽입하여 글맵시 왼쪽과 오른쪽에 넣습니다.

❹ 줄 수: '17', 칸 수: '7' 개의 표를 삽입하여 내용을 입력합니다.

❺ 그림과 같이 표의 셀을 합치기 한 후 채우기 색을 지정합니다.

❻ 글상자를 삽입하여 내용을 입력하고 채우기 색과 선 모양을 지정합니다.

04강 한국 사랑! 한류 사랑!

오늘의 미션!!

- 책갈피와 하이퍼링크를 이용하여 커서를 문서의 특정 위치로 이동하거나 다른 문서로 이동하는 방법을 알아보자.

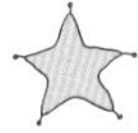

무엇을 만들까요?

완성파일:완성₩한류열풍.hwp

한류 열풍

드라마

K-POP

음식

미션 1

미션 2

미션 3

드라마

☞ 한류드라마 베스트10

1위 : 별에서온 그대
2위 : 그녀는 예뻤다
3위 : 겨울연가
4위 : 대장금
5위 : 천국의 계단
6위 : 킬미힐미
7위 : 응답하라 1988
8위 : 프로듀사
9위 : 용팔이
10위 : 냄새를 보는소녀

드라마 / K-POP / 음식

K-POP

☞ 한류 열풍 가수들

EXO
소녀시대
싸이
빅뱅
F(x)
샤이니
레드벨벳

드라마 / K-POP / 음식

음식

☞ 외국인이 사랑하는 한국 음식

비빔밥
막걸리
김치
불고기
삼겹살
떡볶이
김밥

드라마 / K-POP / 음식

미션 4

미션1 글맵시와 글상자를 작성해 보아요.

예제파일:태극기.jpg

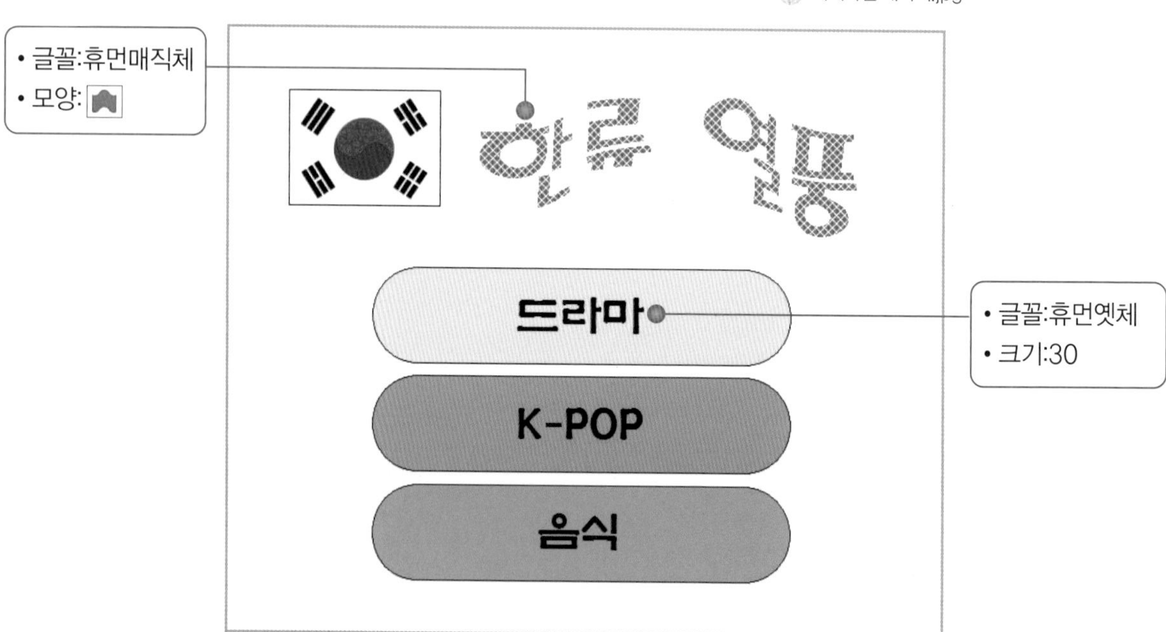

01 [쪽]-[편집 용지 F7]메뉴를 눌러 용지 방향을 '넓게' 지정합니다.

02 Ctrl 을 누른 채 Enter 를 세 번 눌러 쪽수를 4개로 만듭니다.

03 1쪽에서 [입력]-[개체]-[글맵시] 또는 [입력] 탭의 [개체] 항목 상자의 '글맵시( )' 를 이용하여 내용을 입력하고 글꼴과 글자 모양을 지정합니다.

04 글맵시 개체 속성의 [채우기] 탭에서 면 색, 무늬 모양을 지정합니다.

05 [입력]-[그림] 메뉴에서 '그림( )' 을 이용하여 태극기 그림을 삽입합니다.

06 '가로 글상자( )' 를 삽입한 후 내용을 입력하고 개체 속성의 [선] 탭에서 반원, [채우기] 탭에서 면 색을 지정합니다.

07 Ctrl 과 Shift 를 누른 상태에서 글상자를 드래그하여 2개를 더 만들고 내용을 수정합니다.

내용을 입력하고 책갈피를 지정해 보아요.

예제파일:별그대.jpg, 응답.jpg

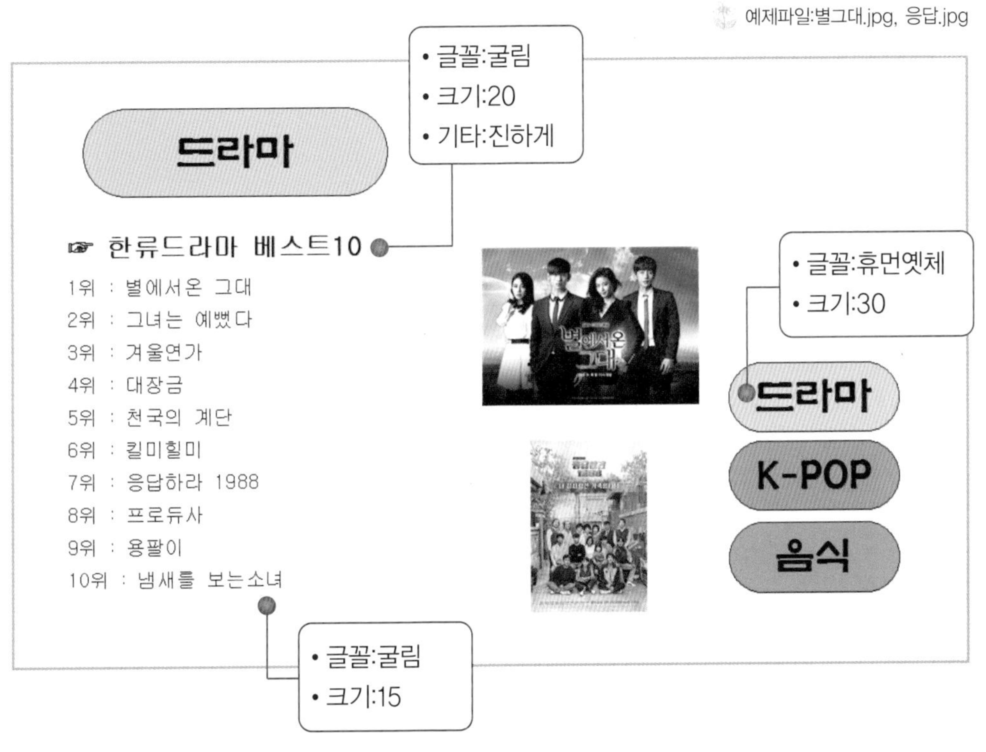

01 1쪽의 '드라마' 반원 글상자을 선택하고 Ctrl 을 누른 채 2쪽으로 드래그하여 크기를 조절합니다.

02 '가로 글상자( )'를 삽입한 후 [입력]-[문자표] 또는 Ctrl + F10을 함께 눌러 [문자표 입력] 대화상자가 표시되면 [한글 문자표] 탭에서 원하는 문자표를 선택합니다.

03 내용을 입력하고 겨울연가.jpg와 대장금.jpg 그림을 각각 삽입합니다.

04 2쪽의 '드라마' 반원 글상자를 오른쪽 아래로 복사하여 '드라마', 'K-POP', '음식'으로 각각 내용을 수정합니다.

05 위쪽의 '드라마' 반원 글상자 안에 커서를 놓고 [입력]-[책갈피] 메뉴를 눌러 책갈피 이름이 자동으로 나타나면 [넣기]를 선택합니다.

미션3 내용을 입력하고 책갈피를 지정해 보아요.

예제파일:K-POP.jpg, K-POP2.jpg

01 1쪽의 'K-POP' 반원 글상자을 선택하고 Ctrl 을 누른 채 3쪽으로 드래그하여 크기를 조절합니다.

02 '가로 글상자( )'를 삽입한 후 [입력]-[문자표] 또는 Ctrl + F10 을 함께 눌러 [문자표 입력] 대화상자가 표시되면 [한글 문자표] 탭에서 원하는 문자표를 선택합니다.

03 내용을 입력하고 K-POP.jpg와 K-POP2.jpg 그림을 각각 삽입합니다.

04 위쪽의 'K-POP' 반원 글상자 안에 커서를 놓고 [입력]-[책갈피] 메뉴를 눌러 '책갈피 이름'에 이름이 자동으로 나타나면 [넣기]를 선택합니다.

05 2쪽의 오른쪽 아래의 있는 '드라마', 'K-POP', '음식' 반원 글상자를 모두 선택한 후 3쪽 오른쪽 아래로 복사합니다.

하이퍼링크를 지정해 보아요.

예제파일:비빔밥.jpg, 김치.jpg

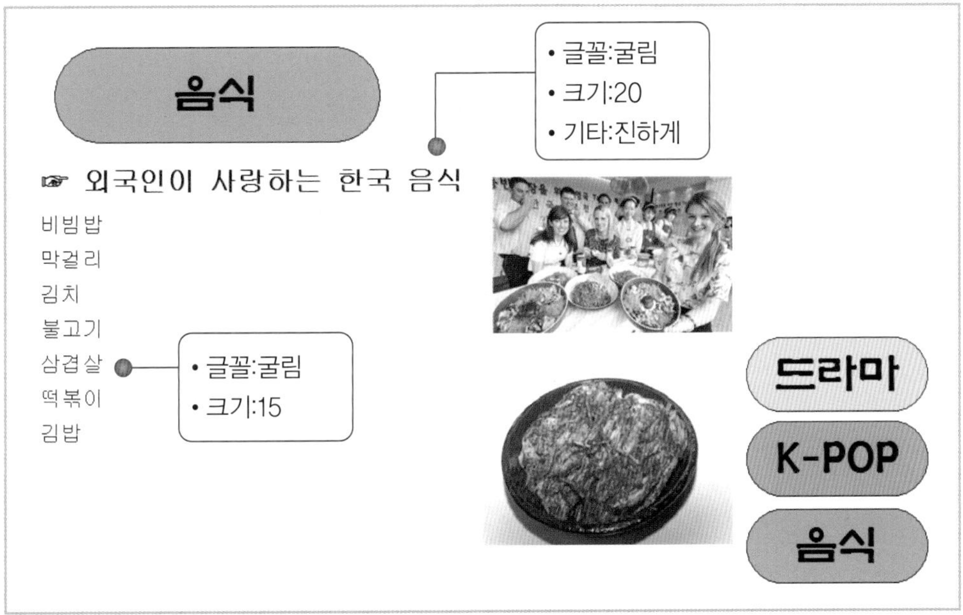

01 1쪽과 3쪽의 내용을 복사하여 그림과 같이 4쪽을 만듭니다.

02 위쪽의 '음식' 반원 글상자 안에 커서를 놓고 [입력]-[책갈피] 메뉴를 눌러 '책갈피 이름' 에 이름이 자동으로 나타나면 [넣기]를 선택합니다.

03 1쪽의 '드라마' 반원 글상자를 클릭하고 [입력]-[하이퍼링크]를 눌러 하이퍼링크 상자의 [연결 대상] 목록에서 '드라마' 책갈피를 선택하고 [넣기] 버튼을 누릅니다.

04 같은 방법으로 나머지도 하이퍼링크를 지정합니다.

05 1쪽의 반원 글상자를 클릭하면 해당 쪽으로 이동하는지 확인합니다.

06 2~4쪽 오른쪽 아래의 도형에 각각의 하이퍼링크를 연결하여 클릭하면 해당 쪽으로 이동하는지 확인합니다.

완성파일:완성₩수수께끼.hwp

책갈피와 하이퍼링크 기능을 이용하여 수수께끼 문제를 클릭하면 답을 확인할 수 있는 문서를 만들어 보세요.

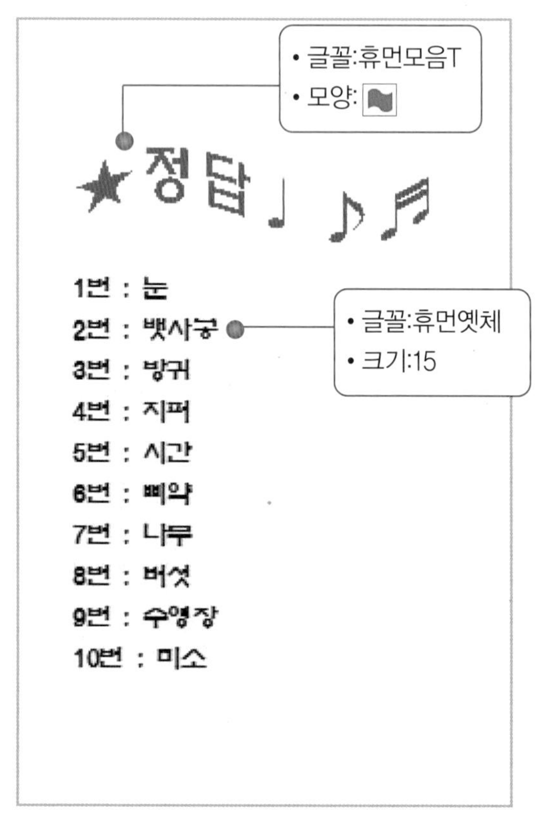

Hint

❶ Ctrl + Enter 를 한 번 눌러 2쪽을 만든 후 1쪽과 2쪽에 각각 글맵시를 삽입합니다.

❷ 글상자를 삽입하여 문제 번호와 문제를 입력하고 글자 모양을 지정합니다.

❸ 2쪽의 정답 번호 앞에 커서를 놓은 후 [입력]-[책갈피] 메뉴를 눌러 책갈피 이름을 지정합니다.

❹ 1쪽의 번호 글상자를 선택한 후 [입력]-[하이퍼링크] 메뉴를 눌러 하이퍼링크를 지정하고 결과를 확인합니다.

05강 할로윈 파티 초대장 만들기

오늘의 미션!!

- 쪽 테두리 기능과 메일 머지 기능을 이용하여 할로윈 파티 초대장을 만들어 보자.

무엇을 만들까요?

완성파일:완성₩초대장.hwp, 초대명단.hwp

미션 1

미션 2

할로윈 파티 초대장

장우영님, 10월 마지막 째 주 금요일(26일)에 할로윈 파티 축제가 있습니다. 할로윈 문화에 대한 교육과 다양한 활동으로 행복한 하루를 보낼 예정입니다. 이 날 파티 참석자에게는 페이스 페이팅을 할 수 있는 기회와 마녀 보드 버블링 게임, 행운권 추첨등의 행사가 있습니다.
장우영님, 제가 주최하는 파티에 참석하여 즐거운 시간을 가졌으면 합니다.

미션 3

HALLOWEEN PARTY
언제 : 10월 26일(금)
시간 : 5시30분
장소 : 장백아파트 101동 1001호

※ 참석자는 초대장을 꼭 지참하시기 바랍니다.

1
장우영
정예담
손오순
옥택연
이준호
손유리
황찬성
정정희
이순심
김준수
김익훈
황기림
송도훈

미션1 쪽 테두리를 설정해 보아요.

• 글꼴:옥수수
• 크기:30

예제파일:할로윈.jpg, 할로윈2.jpg, 할로윈3.jpg

할로윈 파티 초대장

장우영님, 10월 마지막 째 주 금요일(26일)에 할로윈 파티 축제가 있습니다. 할로윈 문화에 대한 교육과 다양한 활동으로 행복한 하루를 보낼 예정입니다. 이 날 파티 참석자에게는 페이스 페이팅을 할 수 있는 기회와 마녀 보드 버블링 게임, 행운권 추첨등의 행사가 있습니다.
장우영님, 제가 주최하는 파티에 참석하여 즐거운 시간을 가졌으면 합니다.

• 글꼴:옥수수
• 크기:20

HALLOWEEN PARTY
언제 : 10월 26일(금)
시간 : 5시30분
장소 : 장백아파트 101동 1001호

※ 참석자는 초대장을 꼭 지참하시기 바랍니다.

01 [쪽]-[편집용지 F7] 메뉴에서 용지 방향을 '넓게', 위쪽, 아래쪽, 왼쪽, 오른쪽 여백을 '20mm', 머리말, 꼬리말 여백을 '0mm'로 변경한 후 설정을 선택합니다.

02 [쪽]-[쪽 테두리/배경] 메뉴의 [테두리] 탭에서 테두리 종류, 색을 지정하고, '모두( )'를 선택합니다.

03 초대장의 내용을 입력하고 서식을 지정합니다.

04 [입력]-[그림] 메뉴에서 '그림( )'을 이용하여 그림을 삽입합니다.

05 [내문서]에 '할로윈 초대장'으로 저장합니다.

메일 머지 표시를 달아 보아요.

실습파일:완성₩초대명단.hwp

1
장우영
정예담
손오순
옥택연
이준호
손유리
황찬성
정정희
이순심
김준수
김익훈
황기림
송도훈

〈초대명단.hwp〉

할로윈 파티 초대장

커서위치

{{1}}님, 10월 마지막 째 주 금요일(26일)에 할로윈 파티 축제가 있습니다. 할로윈 문화에 대한 교육과 다양한 활동으로 행복한 하루를 보낼 예정입니다. 이 날 파티 참석자에게는 페이스 페이팅을 할 수 있는 기회와 마녀 보드 버블링 게임, 행운권 추첨등의 행사가 있습니다.

{{1}}님, 제가 주최하는 파티에 참석하여 즐거운 시간을 가졌으면 합니다.

커서위치

HALLOWEEN PARTY

언제 : 10월 26일(금)

시간 : 5시30분

장소 : 장백아파트 101동 1001호

※ 참석자는 초대장을 꼭 지참하시기 바랍니다.

〈파티 초대장.hwp〉

01 [파일]–[새문서] 메뉴를 선택하고 첫 줄에 '1'을 입력한 다음 초대 명단을 차례로 입력합니다.

02 [파일]–[저장하기] 메뉴를 선택하고 파일 이름에 '초대명단'으로 저장한 다음, '할로윈 파티 초대장' 문서로 돌아옵니다.

03 두 번째 줄 '님' 자 앞에 커서를 놓고 [도구]–[메일 머지]–[메일 머지 표시 달기] 메뉴를 선택합니다.

04 [메일 머지 표시 달기] 대화상자의 [필드 만들기] 탭에서 '1'을 입력하고 [넣기]단추를 클릭합니다.

05 여섯 번째 줄 '님' 자 앞에도 커서를 놓고 같은 방법으로 메일 머지 표시를 달아줍니다.

미션3 메일 머지를 만들어 보아요.

메일 머지가 생겼어요.

할로윈 파티 초대장

장우영님, 10월 마지막 째 주 금요일(26일)에 할로윈 파티 축제가 있습니다.
할로윈 문화에 대한 교육과 다양한 활동으로 행복한 하루를 보낼 예정입니다.
이 날 파티 참석자에게는 페이스 페이팅을 할 수 있는 기회와 마녀 보드 버블
링 게임, 행운권 추첨등의 행사
장우영님, 제가 주최하는 파티

HALLOWEEN PARTY
언제 : 10월 26일(금)
시간 : 5시30분
장소 : 장백아파트 101동 10

※ 참석자는 초대장을 꼭 지참

메일 머지가 생겼어요.

할로윈 파티 초대장

정예담님, 10월 마지막 째 주 금요일(26일)에 할로윈 파티 축제가 있습니다.
할로윈 문화에 대한 교육과 다양한 활동으로 행복한 하루를 보낼 예정입니다.
이 날 파티 참석자에게는 페이스 페이팅을 할 수 있는 기회와 마녀 보드 버블
링 게임, 행운권 추첨등의 행사가 있습니다.
정예담님, 제가 주최하는 파티에 참석하여 즐거운 시간을 가졌으면 합니다.

HALLOWEEN PARTY
언제 : 10월 26일(금)
시간 : 5시30분
장소 : 장백아파트 101동 1001호

※ 참석자는 초대장을 꼭 지참하시기 바랍니다.

01 [도구]-[메일 머지]-[메일 머지 만들기] 메뉴를 선택합니다.

02 [메일 머지 만들기] 대화상자가 나오면 자료 종류를 '한글 파일'을 선택한 후 '파일 선택( )'을 클릭합니다.

03 [한글 파일 불러오기] 대화상자에서 '초대명단.hwp'를 선택하고 [열기] 단추를 클릭합니다.

04 출력 방향을 '화면'으로 선택하고 [확인] 단추를 클릭합니다.

05 Page Down 을 눌러 다음 쪽의 초대 명단을 확인합니다.

완성파일:완성₩상장.hwp,수상자.hwp
예제파일:금메달.jpg

쪽 테두리와 메일 머지 기능을 이용하여 타자 경진 대회 상장을 만들어 보세요.

• 글꼴:궁서체
• 크기:40

타자 경진 대회
{{1}}상

{{2}}학년 {{3}}반
이름 {{4}}

위 학생은 제 16회 타자 경진 대회에서 열심히 노력하였으며, 우수한 성적을 거둬 이 상장을 주어 칭찬합니다.

2016년 1월11일
동성초등학교 컴퓨터교실

〈상장.hwp〉

• 글꼴:궁서체
• 크기:30

4
번개
4
3
손연화
스피드
3
6
성시경
정타100%
3
2
김준우
프로타자
5
2
황택우

〈수상자.hwp〉

Hint

❶ [쪽]-[쪽 테두리/배경] 메뉴를 클릭하여 굵기와 색을 지정합니다.

❷ 내용을 입력한 후 그림을 삽입하고, '상장' 으로 저장합니다.

❸ [파일]-[새문서] 메뉴를 선택하여 수상자 내용을 입력하고 '수상자' 로 저장합니다.

❹ '상장' 파일의 '상' 자 앞에와 '학년', '반', '이름' 글자 앞에 각각 커서를 놓고 메일 메지 표시를 답니다.

❺ '상장' 파일에서 메일 머지를 실행하여 화면으로 결과를 확인 한 후 인쇄를 합니다.

06강 컴퓨터 교실 신문 만들기

오늘의 미션!!

- 다단 기능을 이용하여 컴퓨터 교실 신문을 만들어 보자.
- 문단 첫 글자 장식 기능과 차트 삽입에 대해 알아보자.

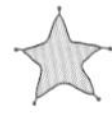 무엇을 만들까요?

완성파일:완성₩컴교실신문.hwp

미션 1

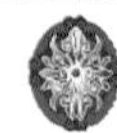

컴퓨터 교실 신문

컴퓨터교실은 우리 학교에서 2층에 위치하고 컴퓨터가 무려 40대나 있어요. 예쁜 선생님과 재미있는 교재로 열심히 공부하고 있어요.
교실에 들어오면 타자 연습을 먼저 한 후 책 진도를 나가고 있어요.
항상 웃음이 피어나는 컴퓨터교실이 제일 좋아요.

◎ 급훈 : 매일 타자연습 10분이 번개 손 만든다.

☆ 자격증 합격자 ☆

학 반	이 름	자격증 종류	등 급
4 - 2	도 경 희	ITQ 파워포인트	A
3 - 3	옥 은 수	DIAT 워드프로세스	중급
5 - 3	장 정 우	GTQ 포토샵	B
4 - 4	윤 호 준	ITQ 한글	B
6 - 1	장 강 래	워드프로세스	1급
5 - 7	이 명 희	DIAT 스프레드 시트	고급

합격자 모두 축하합니다~^^

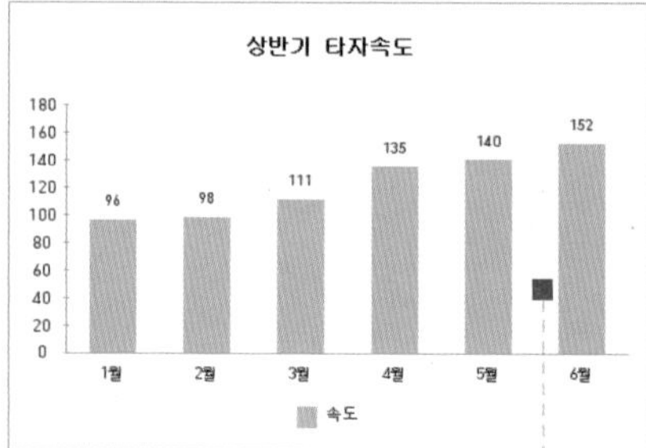

◈ 학년별 타자왕

6학년 2반 이순신 588타
5학년 5반 장보고 491타
4학년 1반 박세미나 370타
3학년 8반 유관순 316타
2학년 2반 한 빛 220타
1학년 3반 박도예 192타

미션 2

미션 3

배경 색을 바꿔 보아요.

예제파일:컴실친구들.jpg

컴퓨터 교실 신문

- 글꼴:휴먼옛체
- 크기:30

컴퓨터교실은 우리 학교에서 2층에 위치하고 컴퓨터가 무려 40대나 있어요. 예쁜 선생님과 재미있는 교재로 열심히 공부하고 있어요.
교실에 들어오면 타자 연습을 먼저 한 후 책 진도를 나가고 있어요.
항상 웃음이 피어나는 컴퓨터교실이 제일 좋아요.

- 글꼴:돋움
- 크기:12

01 [쪽]-[편집용지 F7] 메뉴에서 용지 방향을 '넓게', 용지 여백을 위쪽, 아래쪽, 왼쪽, 오른쪽 여백 '10mm', 머리말, 꼬리말 여백 '0mm'로 변경한 후 설정을 선택합니다.

02 [쪽]-[쪽 테두리/배경]-[배경] 탭에서 '그러데이션'을 선택하고 시작 색, 끝 색, 유형을 설정합니다. (시작 색:흰색, 끝 색:노른자색 80%밝게, 유형:줄무늬)

03 '그리기마당( )'을 이용하여 '전통(문양)14'를 삽입합니다.

04 '가로 글상자( )'를 이용하여 내용을 입력하고 종류를 지정합니다.

05 Enter를 눌러 글상자 아래쪽으로 커서를 이동한 후 [쪽]-[다단 설정] 메뉴를 선택합니다.

06 단 개수-'2', '구분선 넣기' 체크, 종류, 굵기, 색을 지정하고, 적용 범위-'새 다단으로' 하고 [설정] 단추를 클릭합니다. (종류:둥근점선, 굵기:1mm, 색:진달래 색)

07 내용을 입력하고 서식을 지정한 후 그림을 삽입합니다.

미션2 표를 삽입해 보아요.

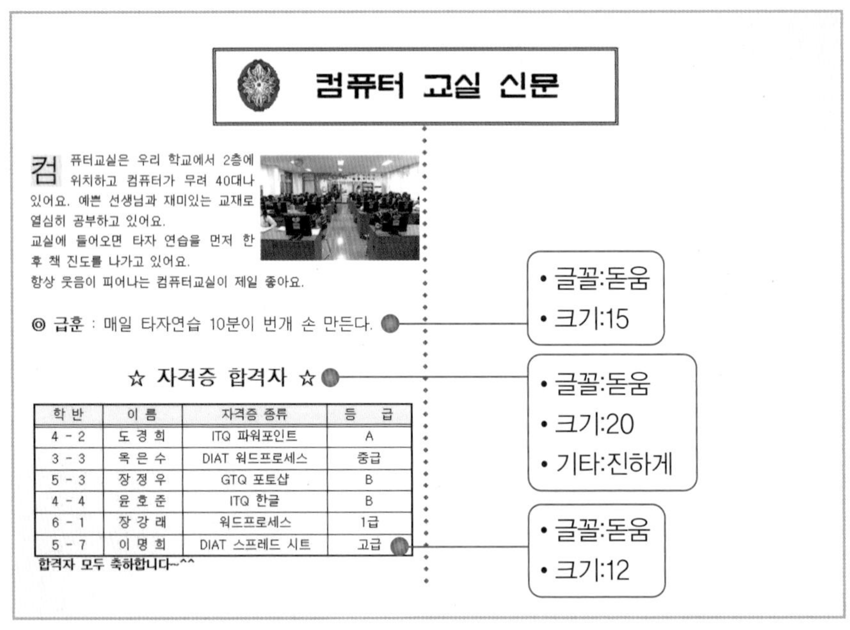

컴퓨터 교실 신문

컴퓨터교실은 우리 학교에서 2층에 위치하고 컴퓨터가 무려 40대나 있어요. 예쁜 선생님과 재미있는 교재로 열심히 공부하고 있어요.
교실에 들어오면 타자 연습을 먼저 한 후 책 진도를 나가고 있어요.
항상 웃음이 피어나는 컴퓨터교실이 제일 좋아요.

◎ 급훈 : 매일 타자연습 10분이 번개 손 만든다.

☆ 자격증 합격자 ☆

학 반	이 름	자격증 종류	등 급
4 - 2	도 경 희	ITQ 파워포인트	A
3 - 3	옥 은 수	DIAT 워드프로세스	중급
5 - 3	장 정 우	GTQ 포토샵	B
4 - 4	윤 호 준	ITQ 한글	B
6 - 1	장 강 래	워드프로세스	1급
5 - 7	이 명 희	DIAT 스프레드 시트	고급

합격자 모두 축하합니다~^^

01 입력한 내용에서 '컴' 자 앞에 커서를 놓고 [서식]-[문단 첫 글자 장식] 메뉴를 선택하고 모양에서 '2줄( )', 면 색을 설정합니다.

02 '급훈' 앞에 커서를 놓고 [입력]-[문자표]-[한글 문자표]에서 알맞은 문자표를 찾습니다.

03 '자격증 합격자' 다음 줄에 커서를 놓고 줄 수: '7', 칸 수: '4'의 표를 만듭니다.

04 내용을 입력하고 글자 모양을 지정합니다.

05 표의 첫 줄을 드래그하여 [표]-[셀 테두리/배경]-[각 셀마다 적용] 메뉴의 [테두리] 탭 종류에서 이중실선을 선택한 후 '아래' 선택, [배경] 탭의 면 색을 지정합니다.

06 표 전체를 드래그하여 [표]-[셀 테두리/배경]-[각 셀마다 적용] 메뉴의 [테두리] 탭에서 굵기:0.4pt를 지정한 후 '테두리( )'를 클릭합니다.

차트를 삽입하여 자료를 입력해 보아요.

예제파일:트로피.jpg

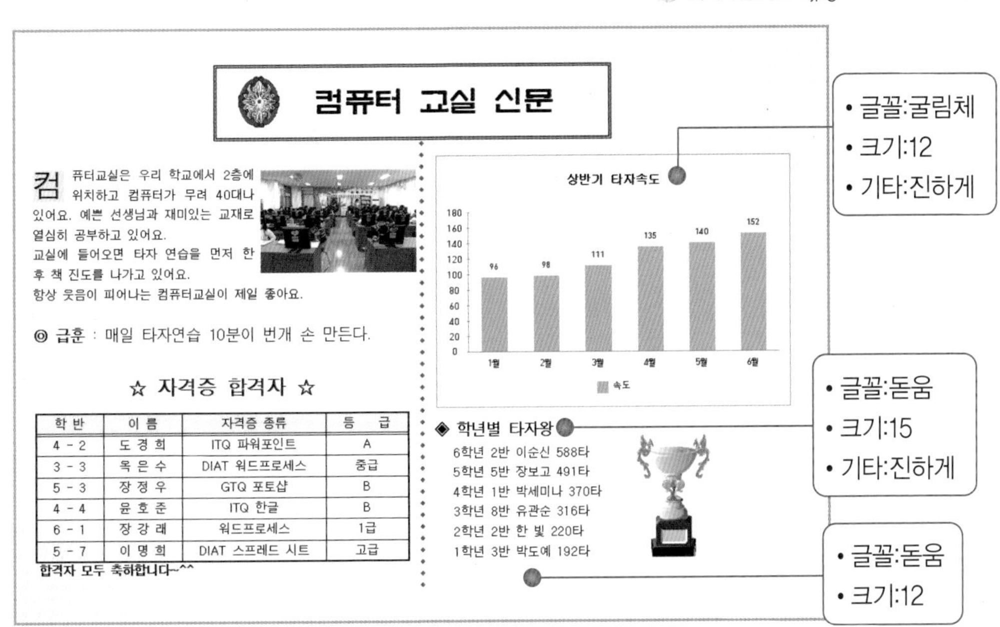

컴퓨터 교실 신문

컴퓨터교실은 우리 학교에서 2층에 위치하고 컴퓨터가 무려 40대나 있어요. 예쁜 선생님과 재미있는 교재로 열심히 공부하고 있어요.
교실에 들어오면 타자 연습을 먼저 한 후 책 진도를 나가고 있어요.
항상 웃음이 피어나는 컴퓨터교실이 제일 좋아요.

◎ 급훈 : 매일 타자연습 10분이 번개 손 만든다.

☆ 자격증 합격자 ☆

학 반	이 름	자격증 종류	등 급
4 - 2	도 경 희	ITQ 파워포인트	A
3 - 3	옥 은 수	DIAT 워드프로세스	중급
5 - 3	장 정 우	GTQ 포토샵	B
4 - 4	윤 호 준	ITQ 한글	B
6 - 1	장 강 래	워드프로세스	1급
5 - 7	이 명 희	DIAT 스프레드 시트	고급

합격자 모두 축하합니다~^^

◈ 학년별 타자왕
6학년 2반 이순신 588타
5학년 5반 장보고 491타
4학년 1반 박세미나 370타
3학년 8반 유관순 316타
2학년 2반 한 빛 220타
1학년 3반 박도예 192타

• 글꼴:굴림체
• 크기:12
• 기타:진하게

• 글꼴:돋움
• 크기:15
• 기타:진하게

• 글꼴:돋움
• 크기:12

01 [입력]-[개체]-[차트]메뉴 또는 [입력]-[표] 항목상자에 '차트( )' 를 선택하여 차트를 삽입합니다.

02 삽입한 차트 위에서 마우스 오른쪽 단추를 눌러 '자료 입력' 을 클릭한 후 그림과 같이 '자료 크기' 와 내용을 입력하고 [확인] 단추를 클릭합니다.

03 다시 차트 위에서 마우스 오른쪽 단추를 눌러 [차트 마법사]를 클릭한 후 [표준 종류] 탭에서 차트 종류 선택: '묶음 세로 막대형' 을 선택하고 [다음] 단추를 클릭합니다.

04 [방향 설정] 탭에서 방향은 '열' 을 선택하고 [다음] 단추를 클릭합니다.

05 [제목] 탭에서 차트 제목에는 '상반기 타자 속도' 를 기입하고 [범례] 탭에서 '아래쪽' 을 선택하고 [데이터 레이블] 탭에서 '값' 을 선택하고 [확인] 단추를 클릭합니다.

06 차트 제목을 더블클릭하여 '제목 모양' 대화상자가 나타나면 [배경] 탭에서 선 모양: '한 줄로', [글꼴] 탭에서 글자모양을 설정하고 [설정] 단추를 클릭합니다.

07 차트 아래의 내용을 입력하고 그림을 삽입합니다.

완성파일:완성₩가로세로퍼즐.hwp

가로 세로 퍼즐 문제를 만들어 보세요.

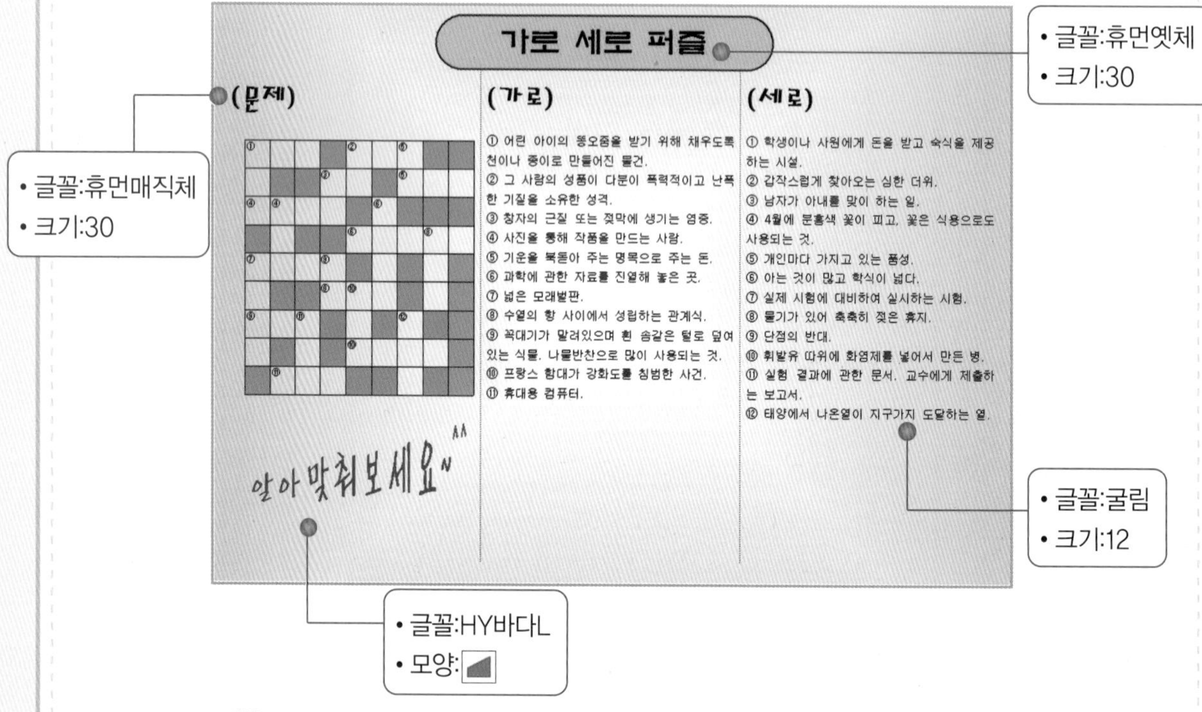

가로 세로 퍼즐

(문제)

(가로)

① 어런 아이의 똥오줌을 받기 위해 채우도록 천이나 종이로 만들어진 물건.
② 그 사람의 성품이 다분이 폭력적이고 난폭한 기질을 소유한 성격.
③ 창자의 근질 또는 젖막에 생기는 염증.
④ 사진을 통해 작품을 만드는 사람.
⑤ 기운을 북돋아 주는 명목으로 주는 돈.
⑥ 과학에 관한 자료를 진열해 놓은 곳.
⑦ 넓은 모래벌판.
⑧ 수열의 항 사이에서 성립하는 관계식.
⑨ 꼭대기가 말려있으며 흰 솜같은 털로 덮여있는 식물. 나물반찬으로 많이 사용되는 것.
⑩ 프랑스 함대가 강화도를 침범한 사건.
⑪ 휴대용 컴퓨터.

(세로)

① 학생이나 사원에게 돈을 받고 숙식을 제공하는 시설.
② 갑작스럽게 찾아오는 심한 더위.
③ 남자가 아내를 맞이 하는 일.
④ 4월에 분홍색 꽃이 피고, 꽃은 식용으로도 사용되는 것.
⑤ 개인마다 가지고 있는 품성.
⑥ 아는 것이 많고 학식이 넓다.
⑦ 실제 시험에 대비하여 실시하는 시험.
⑧ 물기가 있어 축축히 젖은 휴지.
⑨ 단점의 반대.
⑩ 휘발유 따위에 화염제를 넣어서 만든 병.
⑪ 실험 결과에 관한 문서. 교수에게 제출하는 보고서.
⑫ 태양에서 나온열이 지구가지 도달하는 열.

알아맞춰보세요^^

Hint

❶ [쪽 테두리/배경]에서 그러데이션을 지정합니다.(시작 색:흰색, 끝 색:진달래 색 60%밝게, 유형:사각형)

❷ [쪽]-[다단 설정] 메뉴에서 단 개수: '3', 구분선 넣기, 종류:점선을 지정합니다.

❸ 글상자를 삽입한 후 글자모양을 지정하고 효과를 지정합니다.(선:반원, 채우기:노른자색)

❹ 줄 수: '9', 칸 수: '9' 개인 표를 만들어 문자표의 '전각기호(원)'에서 알맞은 문자표를 삽입합니다.

❺ 표 전체 블록 지정한 후 [표]-[표/셀 속성]-[셀] 탭에서 '세로 정렬: '위( )'를 설정합니다.

❻ 글자가 들어가지 않는 표의 칸을 클릭하고, F5를 눌러 블록 지정을 한 후 [표]-[셀 테두리/배경]-[각 셀마다 적용]-[배경] 탭에서 면 색: '하양40%어둡게' 를 지정합니다.

❼ 글맵시를 삽입한 후 Enter를 이용하여 다음 단에서 문제 내용을 입력합니다.

07강 캐릭터 우표 만들기

오늘의 미션!!

- 도형을 삽입하고 면 색, 선 색을 지정하는 방법을 알아보자.
- 회전 또는 대칭에 대해 알아보자.

 무엇을 만들까요?

완성파일:완성₩우표만들기.pptx

제목을 만들어 보아요.

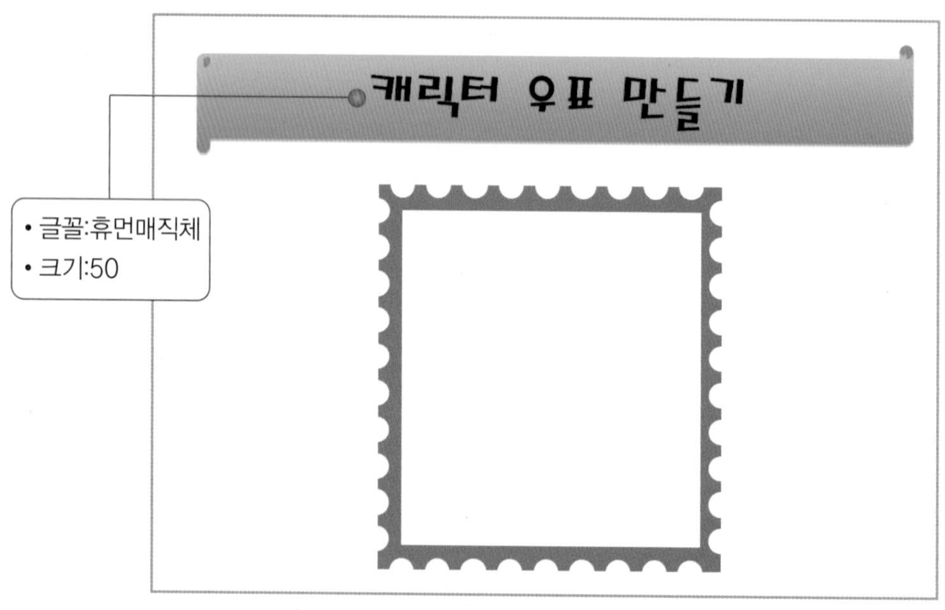

01 [홈]-[레이아웃]의 '빈 화면' 을 선택합니다.

02 [삽입]-[도형]-[별 및 현수막]- '가로로 말린 두루마리 모양' 을 선택하여 삽입합니다.

03 그린 도형을 더블클릭하여 [서식] 탭이 나오면 [도형 스타일] 그룹에서 '강한효과-바다색, 강조5' 를 지정합니다.

04 [도형 윤곽선]에서 윤곽선 없음을 지정한 후 제목을 입력하고 글자 모양과 크기를 변경합니다.

05 [삽입]-[도형]-[사각형]- '직사각형' 을 삽입한 후 더블클릭을 하여 [서식]-[도형 채우기]- '검정, 텍스트1, 50% 더 밝게' , [도형 윤곽선]- '윤곽선 없음' 을 선택합니다.

06 앞에 삽입한 사각형 안에 사각형을 하나 더 삽입하여 [도형 채우기]- '흰색' , [도형 윤곽선]- '윤곽선 없음' 을 선택합니다.

미션2 우표를 만들어 보아요.

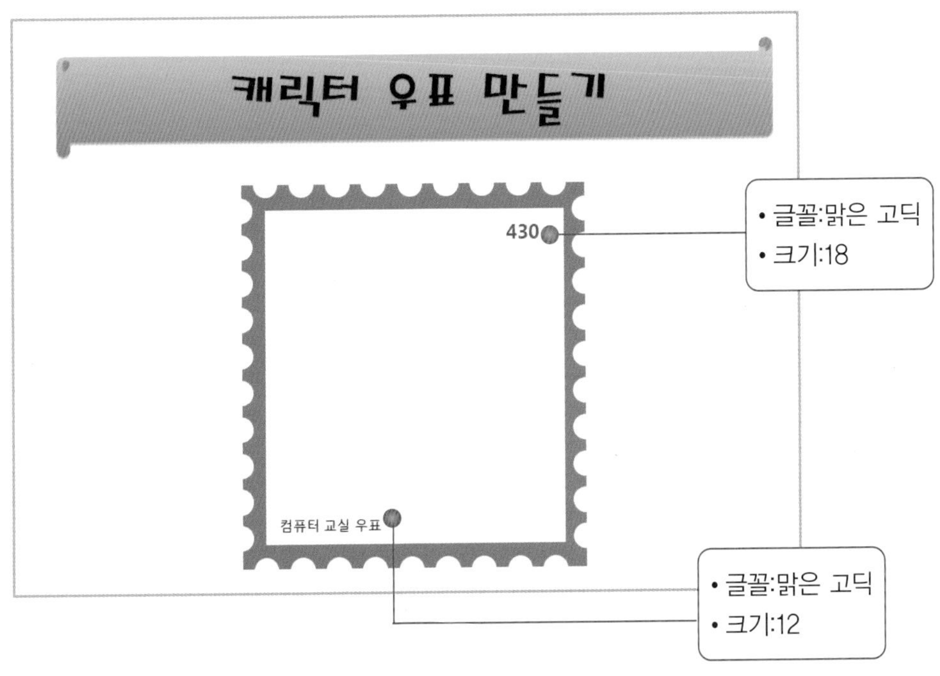

01 [삽입]-[도형]-[기본 도형]- '타원' 을 큰 사각형 반을 걸치게 그리고, [도형 채우기]- '흰색' , [도형 윤곽선]- '윤곽선 없음' 을 선택합니다.

02 삽입한 타원을 Ctrl 과 Shift 를 함께 눌러 큰 사각형 둘레에 복사를 합니다.

03 한 줄 전체에 복사를 한 후 타원 도형 주위를 드래그하여 모두 선택을 하고 [서식]-[맞춤]- '가로 간격을 동일하게' 를 선택합니다.

04 윗줄의 타원 도형을 Ctrl 과 Shift 를 함께 눌러 아래쪽으로 복사합니다.

05 타원을 왼쪽에 복사한 후 '세로 간격을 동일하게' 로 지정하고 오른쪽 사각형 영역에도 복사를 합니다.

06 모두 완성한 도형 주위 전체를 드래그하여 모두 선택을 하고 [서식]-[정렬]-[그룹]을 선택하여 하나의 도형으로 만듭니다.

07 [삽입]-[텍스트 상자]- '가로 텍스트 상자' 를 흰 색 사각형 위에 두 개를 삽입한 후 글자를 입력하고 서식을 지정합니다.

미션3 캐릭터를 그려 보아요.

01 빨간색 '타원' 을 이용해 머리를 그리고 [도형 윤곽선]– '윤곽선 없음' 을 클릭합니다.

02 빨간색 '직각 삼각형' 을 이용해 왼쪽 머리카락을 그리고 Ctrl 을 이용하여 복사를 한 후 [서식]–[회전]– '좌우 대칭' 을 이용해 오른쪽 머리카락을 만듭니다.

03 빨간색 '이등변 삼각형' 을 이용해 가운데 머리카락을 그립니다.

04 연한 노란색의 '순서도:지연' 을 이용해 얼굴을 그리고 [서식]–[회전]– '오른쪽으로 90도 회전' 을 시킵니다.

05 노란색 '하트' 와 흰 색 '타원' 으로 머리를 장식할 헤어핀을 그립니다.

06 '선' 을 하나 그린 후 Ctrl 을 이용하여 복사를 하여 앞쪽 머리카락 세 개를 만듭니다.

07 검정색 '타원' 으로 왼쪽 눈을 그린 후 Ctrl 을 이용하여 오른쪽 눈을 복사합니다.

08 [기본 도형]– '달' 을 그리고 [서식]–[회전]– '왼쪽으로 90도 회전' 을 선택합니다.

09 연한 분홍 '선' 을 눈 아래에 그린 후 Ctrl 을 이용하여 복사를 합니다.

완성파일:완성₩우표만들기.pptx

도형을 이용하여 캐릭터 우표를 만들어 보세요.

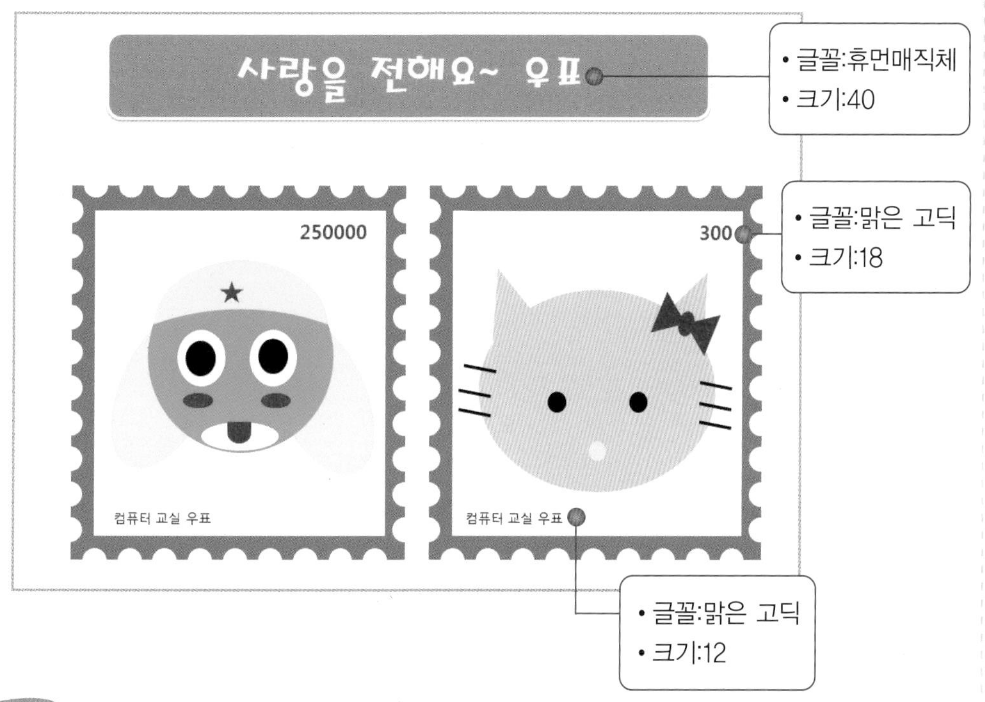

Hint

① 초록색 '타원' 을 이용해 케로로 얼굴을 그리고 눈과, 볼 입도 그립니다.

② 노란색 '타원' 과 노란색 '달' 도형을 이용해 모자를 그리고 '포인트가 5개인 별' 을 이용해 모자 장식을 만듭니다.

③ 빨간색 '순서도:지연' 을 이용해 케로로의 혀를 그려 '케로로' 를 완성합니다.

④ 분홍색 '타원' 을 이용해 키티 얼굴을 그리고 눈, 입, 리본을 그린 후 색깔을 선택합니다.

⑤ '이등변 삼각형' 을 이용해 키티 귀와 리본을 그립니다.

⑥ 검정색 '선' 을 이용해 수염을 그립니다.

⑦ '가로 텍스트 상자' 를 흰 색 사각형 위에 삽입한 후 글자를 입력하고 서식을 지정합니다.

08강 가족여행 보고서

오늘의 미션!!

- 슬라이드를 삽입하고, 텍스트에 여러 가지 효과를 적용하여 보자.
- WordArt와 클립 아트로 문서를 다양하게 꾸며 보자.

 무엇을 만들까요?

완성파일:완성₩남해여행.pptx

미션 1

미션 2

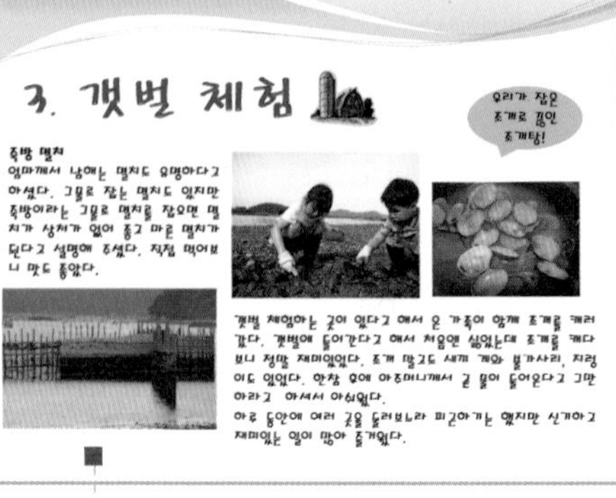

미션 3

미션 4

워드 아트와 그림을 삽입해 보아요.

예제파일:남해지도.jpg

01 [디자인]–[테마] 탭에서 '흐름' 디자인을 선택한 후 제목 입력란에 "남 해 여 행"을 입력하고 서식을 지정합니다.

02 제목을 블록지정한 후 [서식]–[텍스트 효과]–[네온]– '녹색, 18 pt 네온, 강조색5' 을 선택합니다.

03 부제목 입력란에 '학교, 학년, 반, 번호, 이름' 을 각각 입력하고 서식을 지정합니다.

04 [삽입]–[WordArt]– '3번째 줄, 2번째 칸' WordArt를 선택하고 "할아버지, 할머니와 함께하는"을 입력하고 서식을 지정합니다.

05 [삽입]–[그림]을 클릭하고 '남해지도' 그림을 삽입합니다.

미션2 새 슬라이드를 삽입해 보아요.

예제파일:남해대교.jpg, 거북선.jpg, 충렬사.jpg, 이순신장군.jpg

01 [홈]-[새 슬라이드]- '제목만' 을 선택하여 새 슬라이드를 삽입합니다.

02 제목을 입력한 후 서식을 지정하고 [서식]-[텍스트 효과]-[변환]- '물결 1( )' 을 선택합니다.

03 [삽입]-[그림] 메뉴를 선택하여 알맞은 그림을 삽입합니다.

04 [삽입]-[텍스트 상자]- '가로 텍스트 상자' 를 선택하여 글자를 입력하고 서식을 지정합니다

05 '구름 모양 설명선( )' 을 이용하여 글자를 입력하고 도형 채우기: '녹색, 강조5, 60% 더 밝게, 도형 윤곽선: '녹색, 강조5' 를 설정합니다.

06 같은 방법으로 '옥색, 강조2, 80% 더 밝게' , 윤곽선: '파랑, 강조1' 의 두 번째 구름 모양 설명선을 삽입합니다.

07 [삽입]-[클립 아트] 메뉴를 클릭하여 오른쪽 화면의 검색 대상에 원하는 이미지의 이름을 쓰고 [이동] 단추를 눌러 클립 아트를 삽입합니다.(검색 대상:자동차)

새로운 슬라이드를 삽입하여 문서를 작성해 보아요.

예제파일:마늘.jpg, 마늘나라.jpg, 바다안개.jpg,마늘전시관.jpg

01 [홈]-[새 슬라이드]-'제목만' 을 선택하여 세 번째 슬라이드를 삽입합니다.

02 제목을 입력한 후 서식을 지정하고 [서식]-[텍스트 효과]-[반사]-'근접반사, 터치( )' 를 선택합니다.

03 [삽입]-[그림] 메뉴를 선택하여 알맞은 그림을 삽입합니다.

04 [삽입]-[텍스트 상자]-'가로 텍스트 상자' 를 선택하여 글자를 입력하고 서식을 지정합니다.

05 [삽입]-[클립 아트] 메뉴를 이용하여 클립 아트를 삽입합니다.(검색 대상:농사)

미션4 새로운 슬라이드를 삽입하여 문서를 작성해 보아요.

예제파일:죽방멸치.jpg, 갯벌체험.jpg, 조개탕.jpg

• 글꼴:HY바다M
• 크기:60

• 글꼴:휴먼매직체
• 크기:18

3. 갯벌 체험

우리가 잡은 조개로 끓인 조개탕!

죽방 멸치
엄마께서 남해는 멸치도 유명하다고 하셨다. 그물로 잡는 멸치도 있지만 죽방이라는 그물로 멸치를 잡으면 멸치가 상처가 없어 좋고 마른 멸치가 된다고 설명해 주셨다. 직접 먹어보니 맛도 좋았다.

갯벌 체험하는 곳이 있다고 해서 온 가족이 함께 조개를 캐러 갔다. 갯벌에 들어간다고 해서 처음엔 싫었는데 조개를 캐다 보니 정말 재미있었다. 조개 말고도 새끼 게와 불가사리, 지렁이도 있었다. 한참 후에 아주머니께서 곧 물이 들어온다고 그만 하라고 하셔서 아쉬웠다.
하루 동안에 여러 곳을 둘러보느라 피곤하기는 했지만 신기하고 재미있는 일이 많아 즐거웠다.

01 [홈]-[새 슬라이드]- '제목만' 을 선택하여 네 번째 슬라이드를 삽입합니다.

02 제목을 입력한 후 서식을 지정합니다.

03 [삽입]-[그림] 메뉴를 선택하여 알맞은 그림을 삽입합니다.

04 [삽입]-[텍스트 상자]- '가로 텍스트 상자' 를 선택하여 글자를 입력하고 서식을 지정합니다.

05 [삽입]-[클립 아트] 메뉴를 이용하여 클립 아트를 삽입합니다.(검색 대상:건물)

06 '타원형 설명선' 을 이용하여 글자를 입력하고 [서식]-[도형 스타일]에서 "밝은색 1 윤곽선, 색채우기, 옥색, 강조3" 을 설정합니다.

완성파일:완성₩선거포스터.pptx
예제파일:회장선거.jpg

 **전교 회장 선거 포스터를 만들어 보세요.**

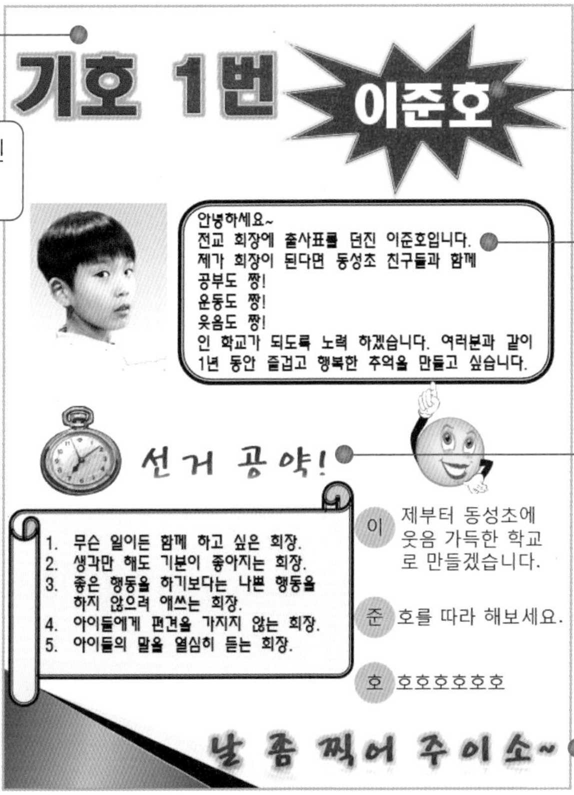

기호 1번

• 글꼴:휴먼둥근헤드라인
• 크기:60

이준호

• 글꼴:휴먼둥근헤드라인
• 크기:40

안녕하세요~
전교 회장에 출사표를 던진 이준호입니다.
제가 회장이 된다면 동성초 친구들과 함께
공부도 짱!
운동도 짱!
웃음도 짱!
인 학교가 되도록 노력 하겠습니다. 여러분과 같이
1년 동안 즐겁고 행복한 추억을 만들고 싶습니다.

• 글꼴:휴먼모음T
• 크기:16

선거 공약!

• 글꼴:HY바다L
• 크기:40

1. 무슨 일이든 함께 하고 싶은 회장.
2. 생각만 해도 기분이 좋아지는 회장.
3. 좋은 행동을 하기보다는 나쁜 행동을 하지 않으려 애쓰는 회장.
4. 아이들에게 편견을 가지지 않는 회장.
5. 아이들의 말을 열심히 듣는 회장.

이 제부터 동성초에 웃음 가득한 학교로 만들겠습니다.

준 호를 따라 해보세요.

호 호호호호호호

날 좀 찍어 주이소~

• 글꼴:HY바다L
• 크기:40

Hint

❶ [디자인]-[슬라이드 방향]- '세로' 를 지정합니다.

❷ 텍스트 상자를 삽입하여 서식을 지정하고 텍스트 효과: '네온(빨강, 8pt네온, 강조색2)' 를 지정합니다.

❸ '폭발( )' 도형을 삽입한 후 서식을 지정합니다.

❹ '모서리가 둥근 직사각형( )' 과 '가로로 말린 두루마리 모양( )' 을 이용해 내용을 입력합니다.

❺ WordArt와 클립 아트를 이용하여 문서를 완성합니다.(검색 대상:스마일)

09강 수학여행지 설문조사

오늘의 미션!!

- 표와 차트를 만드는 방법을 알아보자.
- 슬라이드 배경 서식을 이용하여 배경 채우기를 해보자.

무엇을 만들까요?

완성파일:완성₩수학여행.pptx

가장 가고 싶은 수학여행 장소는?

장소	제주도	보문단지	지리산	일본	한국민속촌
교통수단	배	버스	버스	배	버스
비용	205,000	102,000	63,000	592,000	54,000
희망인원	12	7	1	9	1

미션 1

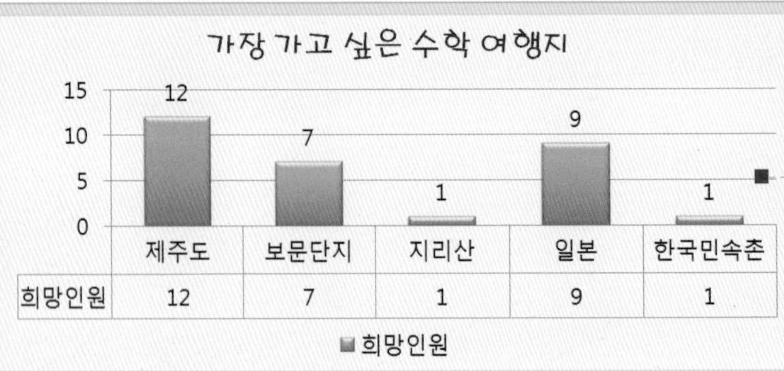

미션 2,3

표를 삽입하고 표 스타일을 바꿔 보아요.

가장 가고 싶은 수학여행 장소는?

- 글꼴:HY엽서M
- 크기:45

장소	제주도	보문단지	지리산	일본	한국민속촌
교통수단	배	버스	버스	배	버스
비용	205,000	102,000	63,000	592,000	54,000
희망인원	12	7	1	9	1

- 글꼴:휴먼모음T
- 크기:18
- 기타:가운데 맞춤

01 [홈]-[레이아웃]- '빈 화면' 을 선택하여 슬라이드 모양을 변경합니다.

02 [삽입]-[WordArt]- '채우기-빨강, 강조2, 이중 윤곽선-강조2(A)' 을 삽입하고 제목을 입력합니다.

03 제목을 블록지정한 후 [서식]-[텍스트 채우기]-[그라데이션]-[기타 그라데이션]을 클릭합니다.

04 [텍스트 효과 서식] 대화상자에서 '기본 설정색:무지개 II' 로 지정합니다.

05 [삽입]-[표]-[표 삽입]을 눌러 열 개수: '6' , 행 개수: '4' 의 표를 삽입하고 크기를 지정합니다.

06 표를 선택하고 [표 도구]-[디자인] 메뉴의 6번째 줄(보통 스타일1, 강조6)을 지정합니다.

07 내용을 입력하고 표 전체를 블록 설정한 후 글자 서식을 지정합니다.

08 슬라이드 영역에서 마우스 오른쪽 단추를 눌러 [배경 서식] 메뉴를 선택 한 후 배경 색을 '주황, 강조6, 60%더 밝게' 로 지정합니다.

미션2 차트를 삽입해 보아요.

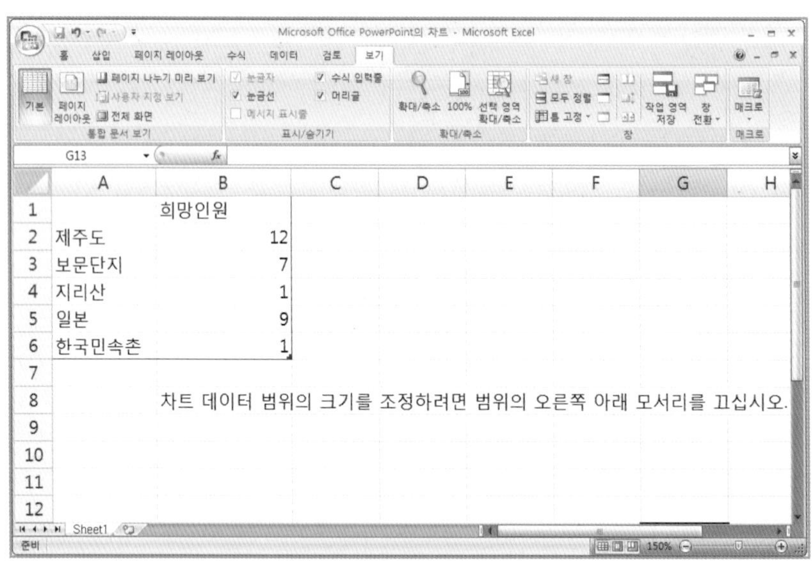

01 [삽입]-[차트] 메뉴를 선택하고 '묶은 세로 막대형' 을 선택합니다.

02 엑셀 화면이 나타나면 세로 '항목' 을 늘리고 가로 '계열2' 와 '계열3' 을 지우기 위해 차트 데이터 범위의 오른쪽 아래 모서리( )를 드래그하여 파란색 선을 「A1:B6」셀 범위로 조정합니다.

03 차트 데이터 범위 이외의 값「C1:D5」 셀을 블록 지정한 후 Delete 를 눌러 삭제합니다.

04 셀에 알맞은 내용을 입력한 다음 '창 닫기' 단추를 클릭하여 슬라이드에 해당 차트가 삽입되는 것을 확인합니다.

미션3 삽입한 차트를 편집해 보아요.

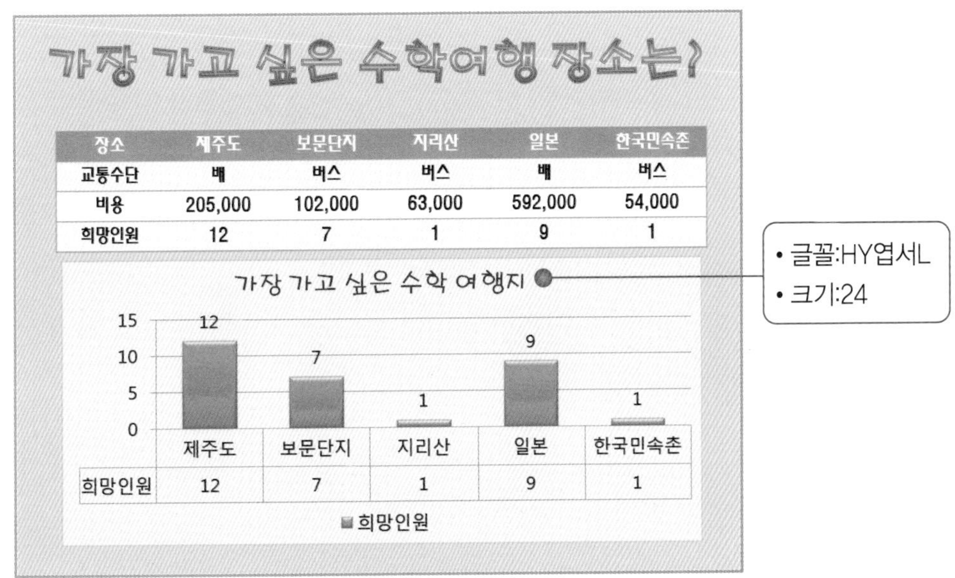

장소	제주도	보문단지	지리산	일본	한국민속촌
교통수단	배	버스	버스	배	버스
비용	205,000	102,000	63,000	592,000	54,000
희망인원	12	7	1	9	1

01 차트가 삽입되면 적당한 크기로 조절한 후 [차트 도구]-[차트 스타일]-'스타일 32'를 선택합니다.

02 차트 제목을 선택한 후 제목을 수정하고 블록을 설정한 후 [홈] 탭에서 서식을 지정합니다.

03 [차트 도구]-[레이아웃]-[범례]를 눌러 '아래쪽에 범례 표시'를 선택합니다.

04 [데이터 레이블]-[기타 데이터 레이블 옵션]-[레이블 옵션]-레이블 내용-'값', 레이블 위치-'바깥쪽 끝에'로 지정합니다.

05 [데이터 표]-'데이터 표 표시'를 선택하여 결과를 확인합니다.

06 [차트 도구]-[서식]-[도형 채우기]와 [도형 윤곽선]을 이용하여 원하는 색을 선택합니다.

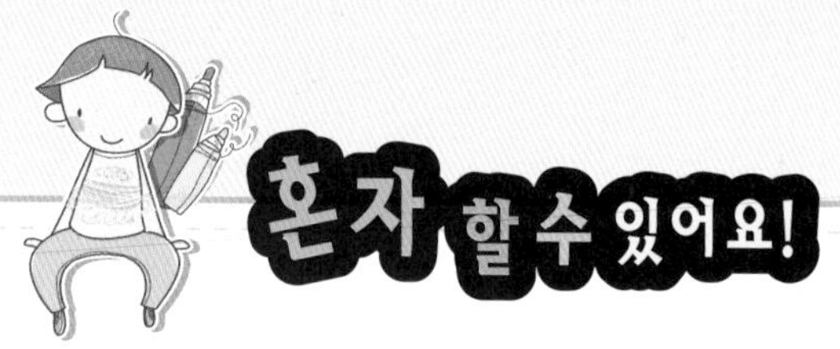

완성파일:완성₩애완견.pptx

우리나라에서 키우는 애완견 종류별 비율을 꺾은선 차트로 만들어 보세요.

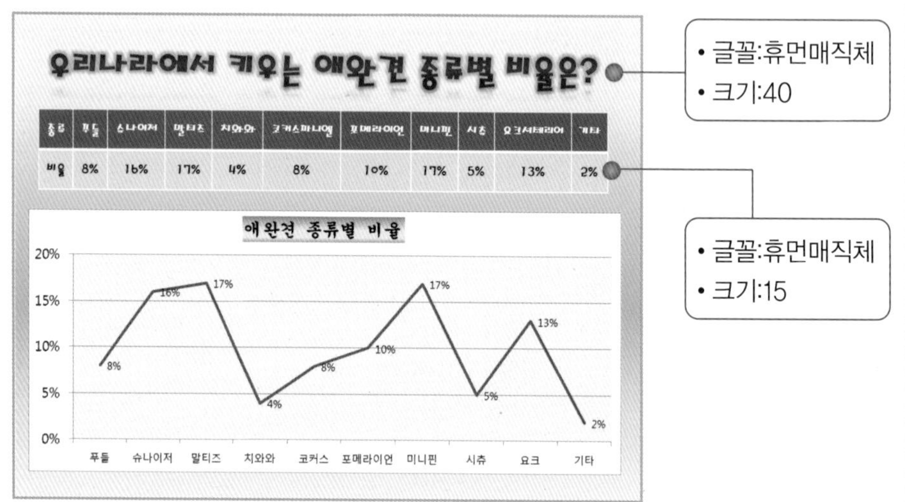

Hint

❶ '빈 화면' 슬라이드를 추가한 후 제목은 [WordAtr]-"그라데이션 채우기-자주, 강조4, 반사" A 를 이용합니다.(텍스트 효과(네온):자주, 11pt네온, 강조색4)

❷ 열: '11' , 행: '2' 개인 표를 만들어 크기를 조절하고 내용을 입력한 후 서식을 지정합니다.

❸ 표를 선택하고 [표 도구]-[디자인]-[표 스타일]- '보통 스타일 2, 강조4( )' 디자인을 선택합니다.

❹ [삽입]-[차트]를 눌러 '데이터 표식이 있는 꺾은 선형' 차트를 삽입한 후 '스타일 38( )' 디자인을 선택합니다.

❺ 그림과 같이 차트 제목, 그림 영역, 차트 영역 색을 변경합니다.

10강 활쏘기 대회

오늘의 미션!!

- 여러 가지 애니메이션을 지정하는 방법을 알아보자.
- 슬라이드 화면을 전환하는 방법을 알아보자.

무엇을 만들까요?

완성파일:완성₩활쏘기대회.pptx

미션 1,2

미션 3

미션 4

미션 5

미션1 첫 번째 슬라이드를 완성하여 보아요.

예제파일:장군.wmf, 화살.wmf

한반도의 평화는 내가 지킨다!

- 글꼴:궁서체
- 기타:굵게, 그림자

- 글꼴:HY엽서L
- 크기:18

백발 백중은 나를 두고 하는 말이지~!

01 '빈 화면' 슬라이드에서 [삽입]-[WordArt]- '채우기-없음, 윤곽선-강조 2( )' 워드아트 삽입합니다.(텍스트 채우기- '노랑', 텍스트 효과-변환- '삼각형( )'

02 [삽입]-[기본 도형]- '타원' 을 삽입하고 도형 채우기, 도형 윤곽선- '없음' 을 선택하고 복사를 하여 채우기 색을 바꿔줍니다.

03 [삽입]-[그림] '장군' 과 '화살' 을 입력하고 삽입합니다.

04 [삽입]-[도형]-[설명선]- '타원형 설명선( )' 을 삽입하고 내용을 입력합니다.
(도형 채우기:하늘색, 도형 윤곽선:노랑)

05 슬라이드 빈 영역에서 마우스 오른쪽 단추를 눌러 [배경 서식]-[그림 또는 질감 채우기]-[질감]- '양피지' 를 선택합니다.

06 모두 적용을 클릭한 후 [닫기] 단추를 선택합니다.

미션2 애니메이션을 지정해 보아요.

예제파일:화살.wmf

01 제목을 선택하고 [애니메이션]-[애니메이션...]-[사용자 지정 애니메이션]-[효과 적용]-[나타내기]-[기타 효과]- '휘리릭' 을 선택하고 [확인] 단추를 누릅니다.

02 화살을 선택하고[애니메이션]-[이동경로]-[선]을 선택 후 [효과옵션]-[방향]- '왼쪽' 을 선택합니다.

03 화살촉이 노란색 타원안으로 들어오도록 애니메이션 경로 화살표 끝을 Shift 를 누른 채 노란색 타원쪽으로 드래그합니다.

04 화살촉에 지정한 애니메이션한 항목에서 마우스 오른쪽 버튼을 눌러 [타이밍] 메뉴의 재생시간: '0.8' 을 입력합니다.

05 첫 번째 슬라이드에서 [애니메이션]-[다음 시간 후 자동 전환]: '00:02' 로 입력합니다.

06 [슬라이드 쇼]-[처음부터]를 눌러 애니메이션 결과를 확인합니다.

미션3 두 번째 슬라이드를 만들어 보아요.

예제파일:화살.wmf

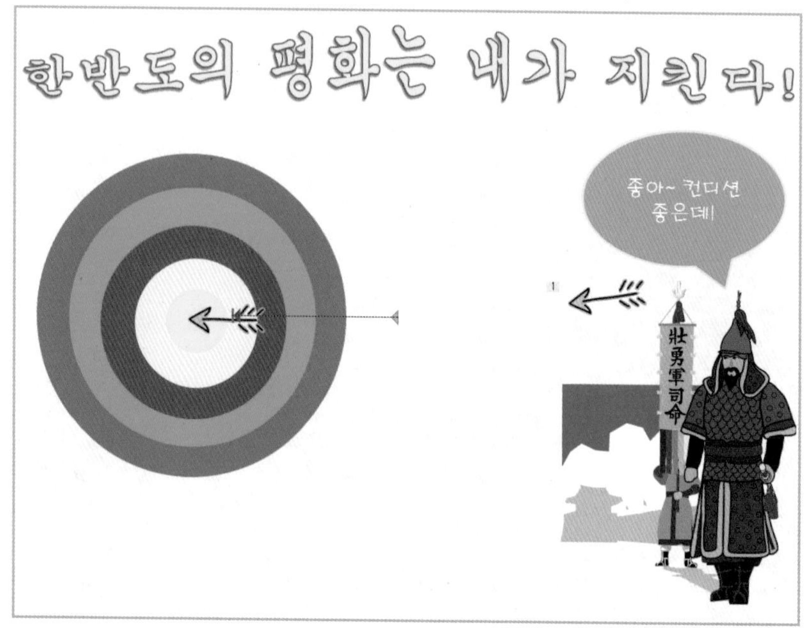

01 첫 번째 슬라이드에서 Ctrl + D를 눌러 두 번째 슬라이드를 복제합니다.

02 '제목 워드아트'와 '첫 번째 화살'을 선택하고 [제거] 단추를 눌러 애니메이션을 제거합니다.

03 '타원형 설명선'의 내용을 "좋아~ 컨디션 좋은데!"로 수정하고 '첫 번째 화살'을 노란색 원 안으로 옮겨 놓습니다.

04 클립 아트에서 두 번째 화살을 삽입한 후 초록색 동그란 점을 드래그하여 살짝 회전을 시키고 설명선 아래 위치로 이동합니다.

05 두 번째 화살을 선택하고 [효과 적용]-[이동 경로]-'왼쪽으로'를 선택합니다.

06 애니메이션 경로 화살표 끝을 노란색 타원쪽으로 드래그 한 후 [슬라이드 쇼]-[처음부터]를 눌러 애니메이션 결과를 확인합니다.

세 번째 슬라이드를 만들어 보아요.

예제파일:화살.wmf

01 두 번째 슬라이드에서 Ctrl + D 를 눌러 세 번째 슬라이드를 복제합니다.

02 '타원형 설명선' 의 내용을 "마지막~ 회오리 화살!" 로 수정합니다.

03 '두 번째 화살' 의 애니메이션을 제거한 후 노란색 원 안으로 옮겨 놓습니다.

04 클립 아트에서 세 번째 화살을 삽입한 후 초록색 동그란 점을 드래그하여 살짝 회전을 시키고 설명선 아래 위치로 이동합니다.

05 세 번째 화살을 선택하고 [효과 적용]-[이동 경로]-[사용자 지정 경로]- '자유 곡선' 을 선택하여 자유롭게 그려서 마지막에는 노랑 과녁에 올 수 있게 그립니다.

06 [슬라이드 쇼]-[처음부터]를 눌러 애니메이션 결과를 확인합니다.

미션5 네 번째 슬라이드를 만들어 보아요.

예제파일:적군.wmf

01 세 번째 슬라이드에서 Ctrl + D를 눌러 네 번째 슬라이드를 복제합니다.

02 '타원형 설명선'의 내용을 "흥! 내 화살맛이 어떠냐?"로 수정합니다.

03 '세 번째 화살'의 애니메이션을 제거한 후 노란색 원 안으로 옮겨 놓습니다.

04 그림에서 새로운 '적군'을 삽입한 후 '타원형 설명선'의 내용을 "내가 졌소! 역시 장군은 이길 수 없군요~"로 입력합니다.

05 첫 번째 '타원형 설명선'을 선택한 후 [효과 적용]-[나타내기]-[블라인드]를 선택하고 속도를 '중간'으로 지정합니다.

06 두 번째 '타원형 설명선'을 선택한 후 [효과 적용]-[나타내기]-[블라인드]를 선택하고 속도를 '중간'으로 지정합니다.

07 [슬라이드 쇼]-[처음부터]를 눌러 애니메이션 결과를 확인합니다.

예제파일:악마.wmf, 보물상자.wmf, 폭탄.wmf

애니메이션을 이용하여 폭탄이 터지는 효과와 소리도 함께 설정하여 보세요.

• 글꼴:휴먼엑스포
• 기타:굵게, 그림자

• 글꼴:휴먼매직체
• 크기:370

• 글꼴:휴먼옛체
• 크기:25

Hint

❶ '빈 화면' 슬라이드에서 마우스 오른쪽 단추를 눌러 [배경 서식]-[그라데이션 채우기]- '은색'을 지정합니다.

❷ [삽입]-[WordArt]로 제목을 입력한 후 애니메이션- '사각형' 을 지정합니다.(텍스트 채우기-[그라데이션]- '불' , 텍스트 윤곽선- '빨강')

❸ [삽입]-[클립 아트]로 '악마' , '보물' , '폭탄' 을 검색하여 삽입합니다. (클립아트에 동일한 이미지 없을 경우 비슷한 이미지 또는 예제파일을 활용합니다.)

❹ '타원형 설명선' 을 이용해 내용을 입력하고 [애니메이션]-[사용자 지정 애니메이션]-[나타내기]- '날아오기' , 방향- '왼쪽 위에서' 를 지정합니다.

❺ 폭탄을 선택하고 [효과 적용]-[이동 경로]-[사용자 지정 경로 그리기]- '곡선' 을 선택하여 보물 상자에서 위로 솟았다가 아래로 향하도록 지정합니다.

❻ '폭발 2' 도형을 삽입하여 '펑' 글자를 입력하고 서식을 지정합니다.

❼ '폭발 2' 도형을 선택하고 [효과 적용]-[나타내기]-[기타 효과]- '확대/축소' , 시작- '이전 효과 다음으로' , 속도- '0.3초' 를 지정합니다.

❽ '폭발 2' 도형의 사용자 애니메이션에서 마우스 오른쪽 단추를 눌러 [효과 옵션]-[소리]- '폭발' 을 선택합니다.

11강 결혼기념일 카드 만들기

오늘의 미션!!

- 하이퍼링크를 설정하는 방법을 알아보자.
- 소리 파일과 실행 단추를 삽입하는 방법을 알아보자.

 무엇을 만들까요?

미션 1, 4

미션 2

완성파일:완성₩결혼기념일카드.pptx

미션 3

미션 3

첫 번째 슬라이드를 작성해 보아요.

예제파일:결혼행진곡.mp3

01 [홈]–[레이아웃]–'빈 화면'으로 지정한 후 [디자인]–'트렉'을 선택합니다.

02 WordArt를 삽입한 후 '무지개Ⅱ' 그라데이션을 지정하고 [텍스트 효과]–[네온]–'주황, 11pt 네온, 강조색 6 ( )'을 지정합니다.

03 '카드', '풍선', '케이크', '액자'를 검색하여 알맞은 클립 아트를 삽입합니다.

04 '풍선' 클립 아트를 더블 클릭하여 [조정]–[다시 칠하기]–[투명 색 설정]을 눌러 마우스 모양이 바뀌면 흰색 배경을 클릭합니다.

05 '액자' 클립 아트 위에 텍스트 상자를 삽입하여 축하 메시지를 입력합니다.

06 [삽입]–[미디어]–[오디오 파일]을 선택한 후 '결혼행진곡'을 클릭하여 [삽입] 단추를 누릅니다. [오디오 도구]–[재생]–[오디오 옵션]에서 시작을 '자동 실행'을 선택합니다.

07 WordArt를 선택한 후 [애니메이션]–[강조]에서 '물결'을 선택하고 '이전 효과 다음에', 속도: '중간'을 지정합니다.

08 [슬라이드 쇼]–[처음부터]를 눌러 애니메이션 결과를 확인합니다.

두 번째 슬라이드를 작성해 보아요.

예제파일:빵빠레1.wav

01 [홈]-[새 슬라이드]- '빈 화면' 을 클릭하여 두 번째 슬라이드를 삽입합니다.

02 [삽입]-[도형]-[별 및 현수막]- '가로로 말린 두루마리 모양' 을 그리고 서식을 지정합니다.

03 [삽입]-[WordArt]를 삽입하여 [텍스트 채우기]-[그라데이션]- '불' 을 지정합니다.

04 '폭죽' 클립 아트를 삽입합니다.

05 [삽입]-[미디어]-[오디오 파일]을 선택한 후 '빵빠레1' 을 클릭하여 [삽입] 단추를 누릅니다. [오디오 도구]-[재생]-[오디오 옵션]에서 시작을 '자동 실행' 을 선택합니다.

06 WordArt를 선택한 후 [애니메이션]-[나타내기]- '떠오르기' 를 선택하고 '이전 효과와 함께' , 속도: '중간' 을 지정합니다.

07 다시 WordArt를 선택한 후 [애니메이션]-[강조]- '크게/작게' 를 선택하고 '이전 효과와 함께' , 속도: '중간' 을 지정합니다.

08 [삽입]-[도형]-[실행 단추]- '홈( )' 도형을 삽입하고 '실행 설정' 대화상자가 나타나면 [확인] 단추를 클릭합니다.

09 [실행 단추]- '앞으로 또는 다음( )' 도형을 삽입하고 '실행 설정' 대화상자가 나타나면 [확인] 단추를 클릭합니다.

미션3 세 번째와 네 번째 슬라이드를 작성해 보아요.

예제파일:빵빠레2.wav, 빵빠레3.wav

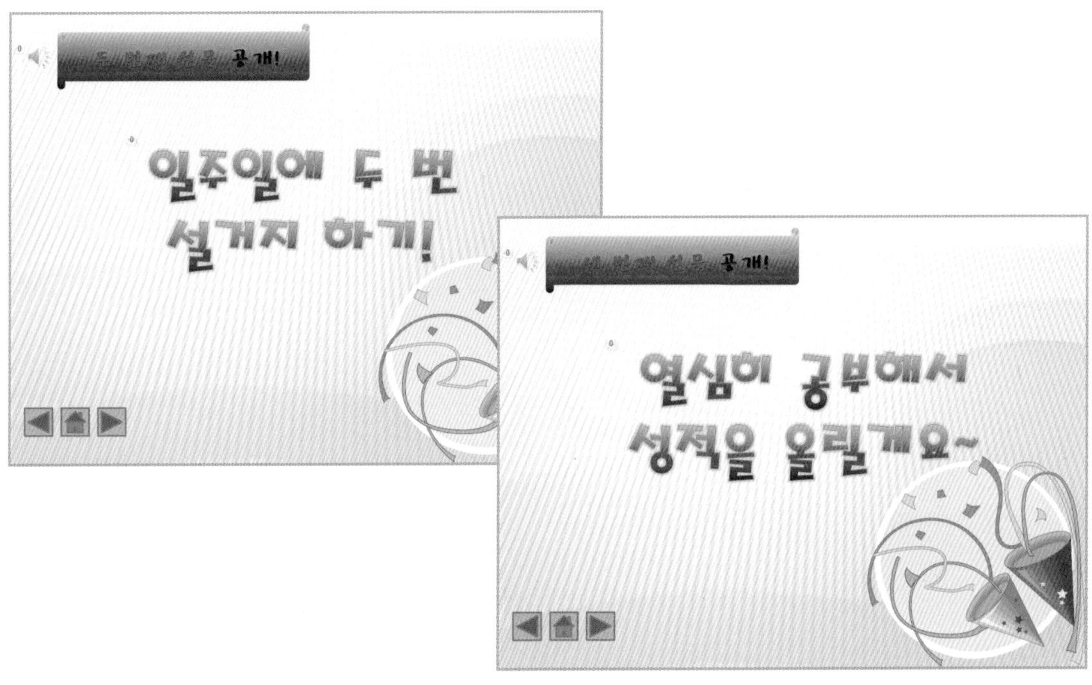

01 두 번째 슬라이드에서 Ctrl + D 를 눌러 세 번째 슬라이드를 복제합니다.

02 '가로로 말린 두루마리 모양' 도형과 워드아트의 내용을 각각 수정합니다.

03 [실행 단추]- '뒤로 또는 이전(◁)' 도형을 삽입하고 '실행 설정' 대화상자가 나타나면 [확인] 단추를 클릭합니다.

04 기존에 삽입된 스피커 모양을 선택한 후 Delete 를 눌러 삭제하고 '빵빠레2' 소리 파일을 삽입하고 [자동 실행]을 클릭합니다.

05 세 번째 슬라이드에서 Ctrl + D 를 눌러 네 번째 슬라이드를 복제합니다.

06 '가로로 말린 두루마리 모양' 도형과 워드아트의 내용을 각각 수정합니다.

07 기존에 삽입된 스피커 모양을 선택한 후 Delete 를 눌러 삭제하고 '빵빠레3' 소리 파일이 자동으로 실행되도록 삽입합니다.

미션4 하이퍼링크를 삽입해 보아요.

01 첫 번째 슬라이드에서 '카드' 클립 아트를 선택하고 [삽입]-[하이퍼링크]를 클릭합니다.

02 [하이퍼링크 삽입] 대화상자가 나타나면 [책갈피] 단추를 선택합니다.

03 [문서에서 위치 선택] 대화상자가 나타나면 '슬라이드 2'를 선택하고 [확인] 단추를 클릭합니다.

04 '풍선' 클립 아트를 선택하고 '슬라이드 3'으로 하이퍼링크를 연결합니다.

05 '차트 영역 서식]-[채우기]-[늘이기 옵션]-[왼쪽]-'30%', [오른쪽]-'30%', 투명도-'30%' 입력하고 [닫기] 단추를 클릭합니다.

06 차트 제목을 수정한 후 그림 영역을 선택하고 [서식]-[도형 채우기]-'채우기 없음'으로 지정합니다.

완성파일:완성₩떡볶이 파티.pptx
예제파일:컴쌤표떡볶이1.jpg, 짱이예요.jpg, 브이.jpg, cf1탄.avi, 먹는모습.avi, 물먹는 모습.avi

컴교실에서 '떡볶이 파티' 모습을 담은 동영상을 삽입하여 문서를 만들어 봅시다.

- 글꼴:휴먼매직체
- 크기:54

- 글꼴:휴먼옛체
- 크기:70

- 글꼴:휴먼매직체
- 크기:18

- 글꼴:휴먼옛체
- 크기:18

- 글꼴:휴먼매직체
- 크기:30

Hint

❶ [디자인]-'오렌지', [색]-'메트로'를 지정한 후 첫 번째 슬라이드에 WordArt로 제목을 만들고 '하트' 도형을 삽입합니다.

❷ 각 슬라이드에 그림과 동영상, 텍스트를 삽입합니다.

❸ 각 슬라이드에 실행 단추를 삽입하여 슬라이드 이동을 합니다.

❹ 첫 번째 슬라이드에서 세 개의 하트에 하이퍼링크를 지정합니다.

12강 아이스크림 인기 메뉴는?

오늘의 미션!!

- 차트를 삽입하는 방법을 배워보자.
- 차트를 예쁘게 꾸미는 방법을 배워보자.

무엇을 만들까요?

완성파일:완성₩아이스크림.xlsx

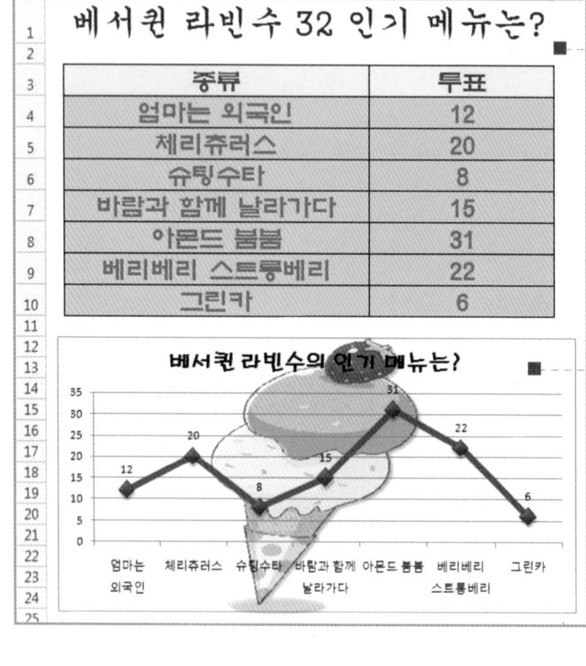

베서퀸 라빈수 32 인기 메뉴는?

종류	투표
엄마는 외국인	12
체리쥬러스	20
슈팅수타	8
바람과 함께 날라가다	15
아몬드 봄봄	31
베리베리 스트롱베리	22
그린카	6

미션 1

미션 2

차트에 필요한 데이터를 삽입하여 보아요.

• 글꼴:HY궁서
• 크기:28

	A	B	C	D	E
1		베서퀸 라빈수 32 인기 메뉴는?			
2					
3		종류	투표		
4		엄마는 외국인	12		
5		체리쥬러스	20		
6		슈팅수타	8		
7		바람과 함께 날라가다	15		
8		아몬드 붐붐	31		
9		베리베리 스트롱베리	22		
10		그린카	6		
11					

• 글꼴:휴먼옛체
• 크기:20
• 기타:가운데 맞춤

01 A열의 열 너비는 좁게하고 B열과 C열은 넓혀줍니다.

02 「B1:C1」 영역을 블록 지정한 후 [홈]–'병합하고 가운데 맞춤(병합하고 가운데 맞춤)' 을 선택하고 내용을 입력합니다.

03 「B3:C10」 영역에 내용을 입력한 후 글꼴과 글꼴 크기를 지정합니다.

04 「B3:C10」 영역을 블록 지정한 후 [홈]–[글꼴]– '모든 테두리(⊞)' 를 선택합니다.

05 「B3:C3」 영역을 블록 지정한 후 [홈]–[글꼴]–[채우기 색]에서 노란색을 선택합니다.

미션2 차트를 예쁘게 꾸며 보아요.

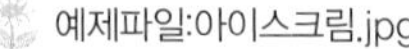

예제파일:아이스크림.jpg

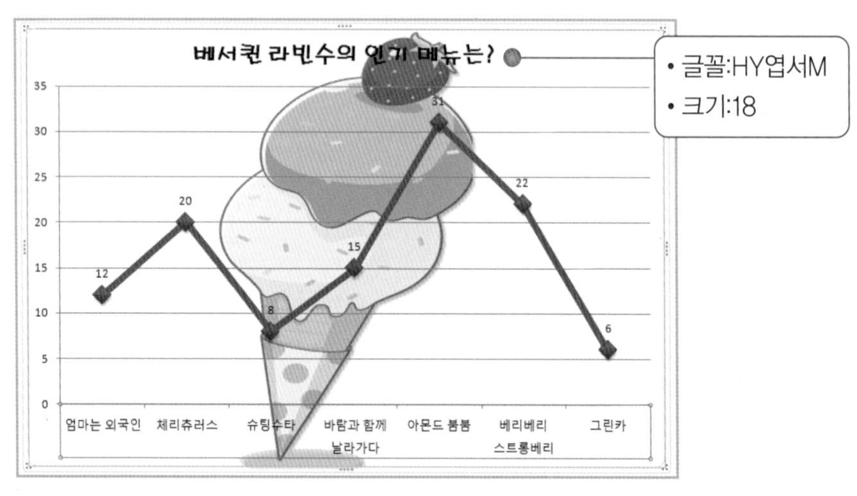

01 데이터를 클릭하고 [삽입]-[꺾은선형]- '표식이 있는 꺾은선형' 을 선택하여 차트를 삽입합니다.

02 차트를 선택하고 [차트 도구]-[디자인]-[차트 스타일]- '스타일 28' 을 선택합니다.

03 [차트 도구]-[레이아웃]-[범례]- '없음' , [데이터 레이블]- '위쪽' 을 각각 지정합니다.

04 [차트 도구]-[서식]-[현재 선택영역] 탭에서 [선택 영역 서식]을 선택합니다.

05 [차트 영역 서식]-[채우기]-[그림 또는 질감 채우기]-[클립아트]를 클릭한 후 '아이스크림' 을 검색하여 선택합니다.

06 [차트 영역 서식]-[채우기] 탭의 하단에 [늘이기 옵션]-[왼쪽]- '30%' , [오른쪽]- '30%' , [투명도]- '30%' 입력하고 [닫기] 단추를 클릭합니다.

07 차트 제목을 수정한 후 그림 영역을 선택하고 [서식]-[도형 채우기]- '채우기 없음' 으로 지정합니다.

08 가로(항목)축 방향이 바로 될 수 있게 마우스로 드래그하여 차트 크기를 늘려줍니다.

완성파일:완성₩애완동물.xlsx

가장 키우고 싶은 애완동물에 대한 조사를 하고 차트로 만들어 보세요.

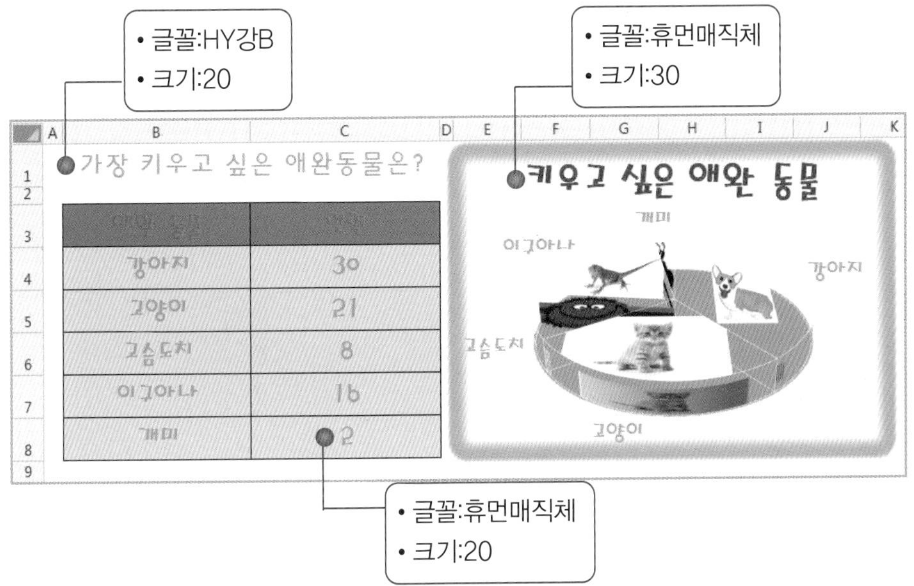

Hint

❶ 「B1:C1」 영역을 블록 지정한 후 '병합하고 가운데 맞춤'을 한 후 제목을 입력합니다.

❷ 「B3:C8」 영역을 블록 지정한 후 '모든 테두리(⊞)'와 서식을 지정합니다.

❸ 데이터를 클릭한 후 [삽입]-[원형]-'3차원 원형'을 선택합니다.

❹ [차트 도구]-[레이아웃]-[범례]-'없음',[데이터 레이블]-[기타 데이터 레이블 옵션]-[데이터 레이블 서식] 대화상자에서 [레이블 내용]-'항목 이름', '지시선 표시' 체크, [레이블 위치]-'바깥쪽 끝에'를 각각 선택합니다.

❺ 차트 영역을 클릭하고 [차트 도구]-[서식]-[도형 채우기]-'연한 노랑', [도형 윤곽선]-'윤곽선 없음', [도형 효과]-[네온]-'빨강, 8pt 네온, 강조색 2'를 선택합니다.

❻ 가장 인기 있는 애완동물 조각을 천천히 두 번 클릭하고 [차트 도구]-[서식]-[도형 채우기]-[그라데이션]-[기타 그라데이션]-[그림 또는 질감 채우기]-[클립 아트]-텍스트 검색-'강아지'를 선택합니다.

❼ 선택한 조각을 밖으로 드래그하여 조각을 떼어내고 나머지 도형에도 클립 아트를 삽입한 후 제목을 입력합니다.

13강 컴퓨터 수행평가 채점표

오늘의 미션!!

- 합계를 구하는 SUM 함수와 평균을 구하는 AVERAGE 함수를 알아보자.
- 최고값을 구하는 MAX 함수와 최소값을 구하는 MIN 함수를 알아보자.

무엇을 만들까요?

완성파일:완성₩컴퓨터수행평가채점표.xlsx

미션 1

컴퓨터 수행평가 채점표

번호	이름	출석점수	타자	입력	셀 서식	함수	합계	평균
1	김인수	18	15	13	8	0	54	10.8
2	정서영	20	20	20	17	15	92	18.4
3	손정아	20	19	20	18	17	94	18.8
4	장우영	20	20	20	16	10	86	17.2
5	문미영	20	19	19	14	8	80	16
6	이준호	20	17	18	11	11	77	15.4
7	유영남	19	14	16	10	5	64	12.8
8	정동원	19	16	16	11	6	68	13.6
합계 최고 점수							94	
합계 최하 점수							54	

미션 2

셀에 데이터를 입력해 보아요.

컴퓨터 수행평가 채점표

번호	이름	출석점수	타자	입력	셀 서식	함수	합계	평균
1	김인수	18	15	13	8	0		
2	정서영	20	20	20	17	15		
3	손정아	20	19	20	18	17		
4	장우영	20	20	20	16	10		
5	문미영	20	19	19	14	8		
6	이준호	20	17	18	11	11		
7	유영남	19	14	16	10	5		
8	정동원	19	16	16	11	6		
합계 최고 점수								
합계 최하 점수								

- 글꼴:맑은 고딕
- 크기:11

- 글꼴:맑은 고딕
- 크기:20
- 기타:굵게, 이중 밑줄

01 「B2:J2」 영역을 블록 지정한 후 '병합하고 가운데 맞춤(병합하고 가운데 맞춤)' 을 선택하고 서식을 지정합니다.

02 「B13:H13」,「B14:H14」,「I13:J13」,「I14:J14」 영역을 블록 지정한 후 '병합하고 가운데 맞춤' 을 선택하고 서식을 지정합니다.

03 「B4:J14」 영역에 내용을 입력하고 [테두리] 메뉴의 '모든 테두리( )' 와 '굵은 상자 테두리( )' 를 선택하고 서식을 지정합니다.

04 해당 셀에 채우기 색을 지정합니다.

05 [삽입]-[클립 아트] 메뉴를 선택하여 '컴퓨터' 를 검색하고 클립 아트를 삽입합니다.

미션2 함수로 계산 결과를 구해보아요.

번호	이름	출석점수	타자	입력	셀 서식	함수	합계	평균
1	김인수	18	15	13	8	0	54	10.8
2	정서영	20	20	20	17	15	92	18.4
3	손정아	20	19	20	18	17	94	18.8
4	장우영	20	20	20	16	10	86	17.2
5	문미영	20	19	19	14	8	80	16
6	이준호	20	17	18	11	11	77	15.4
7	유영남	19	14	16	10	5	64	12.8
8	정동원	19	16	16	11	6	68	13.6
합계 최고 점수							94	
합계 최하 점수							54	

(표 제목: 컴퓨터 수행평가 채점표)

01 「I5」 셀에서 [수식]–[함수 삽입] 메뉴를 클릭하여 [범주 선택]– '모두' 와 [함수 선택]– 'SUM' 을 선택한 후 [확인] 단추를 클릭합니다.

02 '김인수' 점수의 합계를 구하기 위해 「D5:H5」 영역을 선택하고 [확인] 단추를 클릭하면 결과 값이 표시됩니다.

03 「I5」 셀의 결과 값을 채우기 핸들을 이용해 [I12] 셀까지 드래그하여 나머지 셀에 수식을 복사합니다.

04 「J5」셀을 클릭한 후 [수식]–[함수 삽입] 메뉴에서 'AVERAGE' 함수를 찾아서 「D5:H5」 영역을 지정하고 평균을 구해 [J12] 셀까지 값을 채웁니다.

05 「I13」 셀을 클릭한 후 'MAX' 함수를 찾아서 「I5:I12」 영역을 지정하고 [확인] 단추를 누르면 최고 점수의 답이 나옵니다.

06 같은 방법으로 「I14」 셀을 클릭하고 'MIN' 함수를 찾아 최하 점수의 답을 구합니다.

완성파일:완성₩스트레스지수.xlsx

COUNTA 함수와 IF 함수를 이용하여 스트레스 지수 검사지를 만들어 보세요.

	A	B	C	D	E
1					
2		나의 스트레스 지수는 얼마나 될까?			
3			★ 나에게 해당하는 곳에 ○표시를 해주세요.		
4		번호	내 용	체크	
5		1	아침에 일어 날때 몸이 무겁게 느껴진다.		
6		2	사소한 일로 주위 사람들에게 짜증을 자주 부린다.	○	
7		3	학원 갈 시간에 속이 울렁거린다.		
8		4	친구, 가족들에게 불평불만을 많이 이야기 한다.	○	
9		5	자꾸 자신감이 없어진다.	○	
10		6	누군가 나를 부르면 겁부터 난다.	○	
11		7	모든일에 집중할 수가 없다.		
12		8	남의 시선을 똑바로 볼 수가 없다.		
13		9	혼자 있을 때에도 마음이 편하지 않고 답답함을 느낀다.		
14		10	똑같은 실수를 반복한다.		
15			몇 개를 체크 하였나요?	4	
16					
17			당신은 적당히 긴장 되어 있는 상태입니다.		
18					

- 글꼴:휴먼편지체
- 크기:30

- 글꼴:휴먼모음T
- 크기:13

- 글꼴:휴먼매직체
- 크기:18

- 글꼴:휴먼모음T
- 크기:15

Hint

❶ 「B2:D2」 영역을 지정한 후 '병합하고 가운데 맞춤' 을 하고 내용 입력과 서식을 지정합니다.

❷ 「D5:D14」 영역에 한글 자음을 입력하고 [한자]를 눌러 특수문자 'O' 를 입력합니다.

❸ 「D15」 셀에 '=COUNTA(D5:D14)' 을 입력하여 'O' 개수를 구합니다.

❹ 「C17」 셀에 다음의 수식을 입력합니다.

```
="당신은 "&IF(D15>=9,"심각하게 스트레스를 받고 있는 상태",IF(D15>=6,"스트레스를 많이 받고 있는 상태","적당히 긴장 되어 있는 상태"))&"입니다."
```

※ 다음과 같이 동그라미 개수에 따라 결과를 분류합니다.

- 개수가 9개 이상이면 "심각하게 스트레스를 받고 있는 상태"
- 개수가 6개 이상이면 "스트레스를 많이 받고 있는 상태"
- 개수가 6개 미만이면 "적당히 긴장 되어 있는 상태"

14강 컴짱 뽑기 대회 신청서 작성

오늘의 미션!!

- 자동필터와 고급필터를 이용하여 원하는 데이터만 추출하여 보자.

 무엇을 만들까요?

완성파일:완성₩컴짱(자동필터).xlsx, 컴짱(고급필터).xlsx

미션 1

슈퍼스타 컴짱 뽑기 대회 신청서

번호	학년	반	이름	성별	신청 과목	연락처
2	3	4	우원태	남	파워포인트	243-282
3	3	4	허경환	남	파워포인트	243-9514
4	5	1	이진철	남	엑셀	223-4033
8	4	4	이효우	남	한글	912-0954
10	3	2	이세원	남	엑셀	244-6880
13	3	6	조기홍	남	한글	277-1081
14	5	1	정복석	남	파워포인트	997-0112

미션 2

슈퍼스타 컴짱 뽑기 대회 신청서

번호	학년	반	이름	성별	신청 과목	연락처
1	5	7	김인자	여	한글	221-0410
2	3	4	우원태	남	파워포인트	243-2820
3	3	4	허경환	남	파워포인트	243-9514
4	5	1	이진철	남	엑셀	223-4033
5	4	2	박성희	여	포토샵	277-5212
6	6	1	최명희	여	포토샵	235-7597
7	6	1	서필순	여	포토샵	998-2390
8	4	4	이효우	남	한글	912-0954
9	5	1	이순주	여	엑셀	905-4937
10	3	2	이세원	남	엑셀	244-6880
11	4	1	정은진	여	파워포인트	221-2761
12	3	3	최미옥	여	한글	235-7591
13	3	6	조기홍	남	한글	277-1081
14	5	1	정복석	남	파워포인트	997-0112
15	6	6	장영아	여	포토샵	249-9710

성별	신청 과목
여	포토샵

번호	학년	반	이름	성별	신청 과목	연락처
5	4	2	박성희	여	포토샵	277-5212
6	6	1	최명희	여	포토샵	235-7597
7	6	1	서필순	여	포토샵	998-2390
15	6	6	장영아	여	포토샵	249-9710

데이터를 입력하고 자동 필터를 실행해 보아요.

	A	B	C	D	E	F	G	H	I
1		슈퍼스타 검짱 뽑기 대회 신청서							
2		번호	학년	반	이름	성별	신청 과목	연락처	
3		1	5	7	김인자	여	한글	221-0410	
4		2	3	4	우원태	남	파워포인트	243-2820	
5		3	3	4	허경환	남	파워포인트	243-9514	
6		4	5	1	이진철	남	엑셀	223-4033	
7		5	4	2	박성희	여	포토샵	277-5212	
8		6	6	1	최명희	여	포토샵	235-7597	
9		7	6	1	서필순	여	포토샵	998-2390	
10		8	4	4	이효우	남	한글	912-0954	
11		9	5	1	이순주	여	엑셀	905-4937	
12		10	3	2	이세원	남	엑셀	244-6880	
13		11	4	1	정은진	여	파워포인트	221-2761	
14		12	3	3	최미옥	여	한글	235-7591	
15		13	3	6	조기홍	남	한글	277-1081	
16		14	5	1	정복석	남	파워포인트	997-0112	
17		15	6	6	장명아	여	포토샵	249-9710	
18									

- 글꼴:휴먼아미체
- 크기:40
- 기타:굵게

- 글꼴:맑은 고딕
- 크기:11

01 WordArt로 제목을 만듭니다.(A)

02 「B2:H17」 영역에 내용을 입력하고 서식을 지정합니다.

03 「B2:H17」 영역을 블록 지정하고 '모든 테두리(⊞)'와 '굵은 상자 테두리(□)'를 지정합니다.

04 입력된 데이터 영역 안에 셀 포인터를 위치시킨 후 [데이터]-[정렬 및 필터]-[필터] 메뉴를 선택합니다.

05 표 항목에 필터 단추(▾)가 생기면 '성별'의 필터 단추를 클릭하여 '모두 선택'의 체크를 풀고, '남'에만 체크한 후 [확인] 단추를 클릭합니다.

06 입력된 데이터 영역 안에 셀 포인터를 위치시킨 후 [데이터]-[정렬 및 필터]-[필터]를 다시 선택하여 필터 결과를 지웁니다.

미션2 고급 필터로 데이터를 추출해 보아요.

슈퍼스타 컴짱 뽑기 대회 신청서

번호	학년	반	이름	성별	신청 과목	연락처
1	5	7	김인자	여	한글	221-0410
2	3	4	우원태	남	파워포인트	243-2820
3	3	4	허경환	남	파워포인트	243-9514
4	5	1	이진철	남	엑셀	223-4033
5	4	2	박성희	여	포토샵	277-5212
6	6	1	최명희	여	포토샵	235-7597
7	6	1	서필순	여	포토샵	998-2390
8	4	4	이효우	남	한글	912-0954
9	5	1	이순주	여	엑셀	905-4937
10	3	2	이세원	남	엑셀	244-6880
11	4	1	정은진	여	파워포인트	221-2761
12	3	3	최미옥	여	한글	235-7591
13	3	6	조기홍	남	한글	277-1081
14	5	1	정복석	남	파워포인트	997-0112
15	6	6	장명아	여	포토샵	249-9710

성별	신청 과목
여	포토샵

번호	학년	반	이름	성별	신청 과목	연락처
5	4	2	박성희	여	포토샵	277-5212
6	6	1	최명희	여	포토샵	235-7597
7	6	1	서필순	여	포토샵	998-2390
15	6	6	장명아	여	포토샵	249-9710

01 「F2:G2」 영역을 복사하여 「B20:C20」 영역에 붙여넣기를 합니다.

02 「B21」 셀에는 '여' 를 입력하고 「C21」 셀에는 '포토샵' 을 각각 입력합니다.

03 [데이터]-[정렬 및 필터]- '고급( )' 을 클릭하여 [고급 필터] 대화상자가 나타나면 '다른 장소에 복사' 를 선택합니다.

04 '목록 범위' 에서 「B2:H17」 셀을 선택하고 '조건 범위' 는 「B20:C21」 셀을 드래그하여 선택합니다.

05 '복사 위치' 에서 「B23」을 선택하고 [확인] 단추를 눌러 결과를 확인합니다.

완성파일:완성₩빵가게매상.xlsx

우영이네 빵가게 매상표 중 분류가 '간식용 빵'이면서 판매액이 '100000' 이상인 데이터를 고급 필터를 이용하여 필터링하여 보세요.

우영이의 빵가게 매상

- 글꼴:맑은고딕
- 크기:11

번호	품목	분류	판매갯수	가격	판매액
1	미니 치즈롤	간식용 빵	170	1,100	187,000
2	단호박 검은깨	식빵	80	2,100	168,000
3	크림빵	간식용 빵	250	800	200,000
4	찹쌀도우넛	도우넛	110	600	66,000
5	아침&버터롤	간식용 빵	40	800	32,000
6	진한크림치즈파이	파이/패스츄리	90	1,000	90,000
7	미니크라상	파이/패스츄리	200	600	120,000
8	베리베리 오달링	도우넛	70	600	42,000
9	주종 크림치즈빵	간식용 빵	120	1,200	144,000
10	그레인 바게뜨	프랑스빵	90	1,800	162,000
11	까망베르치즈케이크	케이크	12	15,000	180,000
12	카페모카쉬폰	케이크	6	13,000	78,000
13	호밀식빵	식빵	50	2,500	125,000
14	올리브치즈푸가스	프랑스빵	50	2,000	100,000
15	조각호두파이	파이/패스츄리	100	1,300	130,000

- 글꼴:맑은고딕
- 크기:11

분류	판매액
간식용 빵	>=100000

번호	품목	분류	판매갯수	가격	판매액
1	미니 치즈롤	간식용 빵	170	1,100	187,000
3	크림빵	간식용 빵	250	800	200,000
9	주종 크림치즈빵	간식용 빵	120	1,200	144,000

Hint

1. 「D2」 셀과 「G2」 영역을 복사한 후 「B20:C20」 셀에 붙여넣기 한 후 「B21:C1」 셀에 조건을 입력합니다.
2. [데이터]-[정렬 및 필터]-'고급( )'을 클릭하여 [고급 필터] 대화상자가 나타나면 '다른 장소에 복사'를 선택합니다.
3. '목록 범위'에서 「B2:G17」, '조건 범위'는 「B20:C21」, '복사 위치'에서 「B23」을 선택하고 [확인] 단추를 눌러 결과를 확인합니다.
4. 「E3:E17」 영역을 블록 지정하여 [홈]-[스타일]-[조건부 서식]-[아이콘 집합]-'3방향 화살표(컬러)'를 선택합니다.
5. 「G3:G17」 영역을 블록 지정하여 [홈]-[스타일]-[조건부 서식]-[데이터 막대]-'자주 데이터 막대'를 선택합니다.

15강 패스트 푸드점 메뉴 정렬하기

오늘의 미션!!

- 여러 가지 도형을 삽입하여 실행 단추를 만들어 보자.
- 매크로를 지정하여 매크로를 실행 해보자.

무엇을 만들까요?

완성파일:완성₩패스트푸드.xlsm

패스트 푸드점 홈서비스

회사명	메뉴	가격
버거킹	스파이시BBQ버거	1900
맥도날드	치즈버거	1900
롯데리아	오징어버거	2200
KFC	트위스터	3000
맥도날드	빅맥	3400
KFC	치킨 징거버거	3700
맥도날드	베이컨토마토 디럭스	3800
롯데리아	텐더그릴치킨버거	3800
롯데리아	빅비프버거	4800
버거킹	와퍼	4900
롯데리아	한우불고기 버거	5400

미션 1

미션 2

회사명 정렬

메뉴 정렬

가격 정렬

미션1 메뉴를 입력하고 매크로를 기록해 보아요.

회사명	메뉴	가격
버거킹	스파이시BBQ버거	1900
맥도날드	치즈버거	1900
롯데리아	오징어버거	2200
KFC	트위스터	3000
맥도날드	빅맥	3400
KFC	치킨 징거버거	3700
맥도날드	베이컨토마토 디럭스	3800
롯데리아	텐더그릴치킨버거	3800
롯데리아	빅비프버거	4800
버거킹	와퍼	4900
롯데리아	한우불고기 버거	5400

01 「B1:D1」 영역을 블록 지정한 후 '병합하고 가운데 맞춤' 을 클릭하고 내용과 서식을 지정합니다.

02 「B2:D13」 영역에 내용을 입력하고 테두리와 서식을 지정합니다.

03 「B2:D2」 영역을 블록 지정하고 채우기 색(연한 녹색)을 지정합니다.

04 [삽입]-[도형]-[기본 도형]- '하트', '해', '구름' 도형을 삽입하고 도형 채우기를 합니다.

05 [보기]-[매크로]-[매크로 기록]을 선택하여 매크로 이름에 '회사명_정렬' 을 입력하고 [확인] 단추를 클릭합니다.

06 「B2:D13」 영역을 블록 지정하고 [데이터]-[정렬]- '정렬' 대화상자가 나타나면 정렬 기준에 '회사명' 을 선택하고 [확인] 단추를 클릭합니다.

07 [보기]-[매크로]-[기록 중지]를 선택합니다.

미션2 매크로를 연결해 보아요.

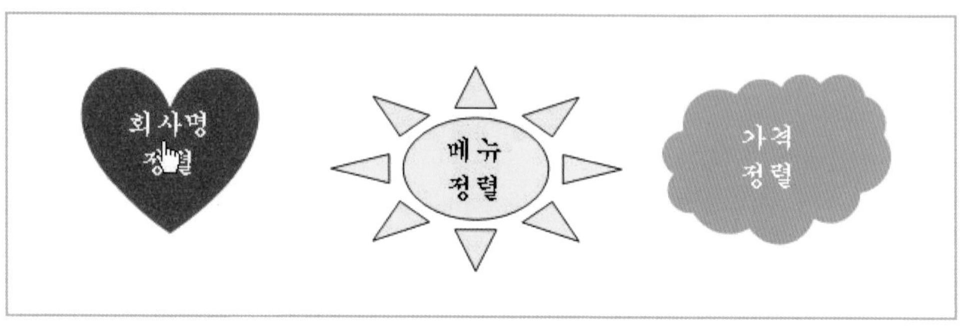

01 '하트' 도형 위에서 마우스 오른쪽 단추를 클릭하고 '매크로 지정'을 선택하면 '매크로 지정' 대화상자가 나타납니다.

02 '매크로 지정' 대화상자에서 '회사명_정렬'을 선택하고 [확인] 단추를 클릭합니다.

03 '하트' 도형을 클릭하면 회사명 데이터를 기준으로 오름차순으로 정렬이 됩니다.

04 위와 같은 방식으로 [보기]-[매크로]-[매크로 기록]-'매크로 기록' 대화상자에서 매크로 이름을 '메뉴_정렬'을 입력합니다.

05 「B2:D13」 영역을 블록 지정하고 [데이터]-[정렬]-'정렬' 대화상자가 나타나면 정렬 기준에는 '메뉴'를 선택합니다.

06 [보기]-[매크로]-[기록 중지]를 선택합니다.

07 '해' 도형 위에서 마우스 오른쪽 단추를 눌러 '매크로 지정'을 선택한 후 '매크로 이름'에 '메뉴_정렬'을 선택하고 [확인] 단추를 클릭합니다.

08 같은 방법으로 가격 정렬도 실행한 후 '해' 도형을 선택하면 메뉴가 오름차순으로 정렬이 되고 '구름' 도형을 선택하면 가격이 오름차순으로 정렬이 됩니다.

09 저장할 때 [파일 형식]을 'Excel 매크로 사용 통합 문서(*.xlsm)'로 지정해야 매크로까지 저장됩니다.

완성파일:완성₩분식집메뉴.xlsm

매크로 기능을 이용하여 분식집 메뉴판을 만들어 보세요.

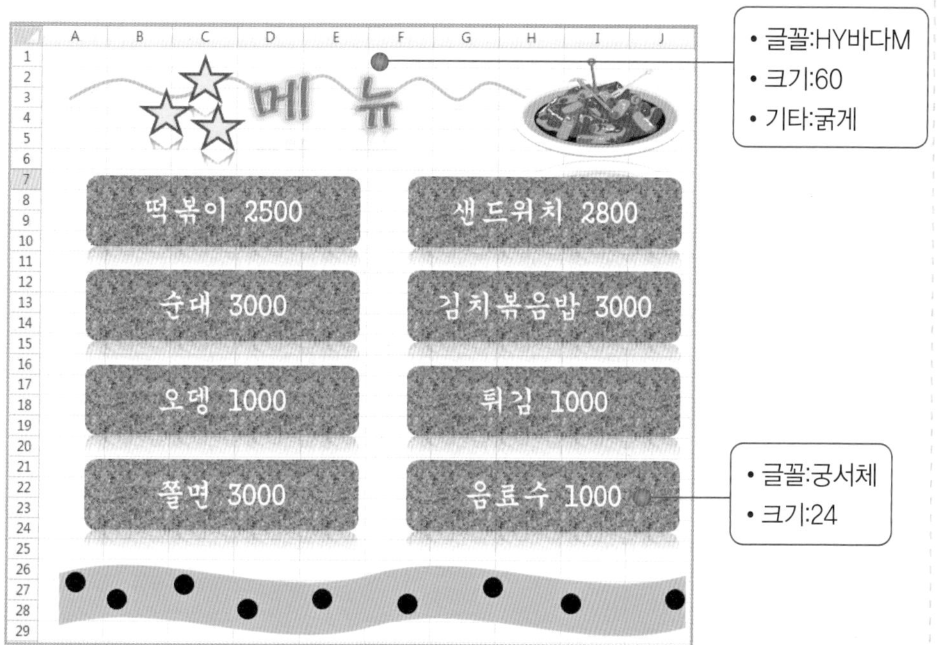

Hint

❶ '곡선' 을 이용하여 구불구불한 선을 그리고 '포인트가 5개인 별' 을 삽입하여 도형 효과–반사–'근접 반사, 터치' 를 지정합니다.

❷ WordArt로 제목을 만들고 클립 아트를 삽입합니다.

❸ '모서리가 둥근 직사각형' 을 삽입하고 채우기–그림 또는 질감 채우기–'코르크', 선 색–'선 없음' 을 지정합니다.

❹ [매크로 기록]을 실행하여 매크로 이름을 '복사' 로 지정합니다.

❺ '모서리가 둥근 직사각형' 을 복사하고 붙여넣기를 한 후 [보기]–[매크로]–[기록 중지]를 선택합니다.

❻ '매크로( )' 를 클릭하고 [실행] 단추를 선택하면 '모서리가 둥근 직사각형' 이 나타납니다.

❼ 메뉴 개수만큼 '매크로 보기' –[실행] 단추를 클릭합니다.

❽ 메뉴 내용을 수정하고 적절하게 배치해 줍니다.

16강 도서 판매 현황

오늘의 미션!!

• 피벗 테이블을 이용하여 도서 판매 현황을 알아보자.

무엇을 만들까요?

완성파일:완성₩도서판매현황.xlsx

미션 1

	A	B	C	D	E	F
1	■	해람북스 도서 판매현황				
2						
3		분류	제목	가격	판매량	판매 금액
4		오피스	엑세스 기본+실무완성	23,000	800	18,400,000
5		이론서	소프트웨어 공학	22,000	650	14,300,000
6		이론서	정보 데이터 통신	20,000	720	14,400,000
7		기타	제과제빵 기능사 합격 비법	21,000	540	11,340,000
8		오피스	엑셀 2010 활용, 실습	16,000	920	14,720,000
9		기타	바둑한자	9,000	360	3,240,000
10		오피스	프레젠테이션 기획&실무 테크닉	18,000	600	10,800,000
11		이론서	컴퓨터과학총론	22,000	320	7,040,000
12		자녀학습	입학사정관제 특강	14,000	400	5,600,000
13		자녀학습	엄마도 놀이 전문가	12,000	260	3,120,000
14						

	A	B	C	D
1	분류	오피스		
2				
3		값		
4	행 레이블	합계 : 가격	평균 : 판매량	합계 : 판매 금액
5	엑세스 기본+실무완성	23,000	800.0	18,400,000
6	프레젠테이션 기획&실무 테크닉	18,000	600.0	10,800,000
7	엑셀 2010 활용, 실습	16,000	920.0	14,720,000
8	총합계	57000	773.3	43920000
9				

미션 2

피벗 테이블을 만들어 보아요.

	A	B	C	D	E	F
1		해람북스 도서 판매현황				
2						
3		분류	제목	가격	판매량	판매 금액
4		오피스	엑세스 기본+실무완성	23,000	800	18,400,000
5		이론서	소프트웨어 공학	22,000	650	14,300,000
6		이론서	정보 데이터 통신	20,000	720	14,400,000
7		기타	제과제빵 기능사 합격 비법	21,000	540	11,340,000
8		오피스	엑셀 2010 활용, 실습	16,000	920	14,720,000
9		기타	바둑한자	9,000	360	3,240,000
10		오피스	프레젠테이션 기획&실무 테크닉	18,000	600	10,800,000
11		이론서	컴퓨터과학총론	22,000	320	7,040,000
12		자녀학습	입학사정관제 특강	14,000	400	5,600,000
13		자녀학습	엄마도 놀이 전문가	12,000	260	3,120,000
14						

- 글꼴:휴먼엑스포
- 크기:24

- 글꼴:맑은 고딕
- 크기:11

01 위와 같이 데이터를 입력하고 서식을 지정합니다.

02 [삽입]-[피벗 테이블]-[피벗 테이블] 메뉴를 클릭하여 '피벗 테이블 만들기' 대화상자가 표시되면 [확인] 단추를 클릭합니다.

03 '피벗 테이블 필드 목록' 에서 '제목', '가격', '판매량', '판매 금액' 을 각각 체크합니다.

04 [보고서에 추가할 필드 선택]의 '분류' 를 [보고서 필터] 영역으로 드래그하여 추가하고 [값] 필드에서 '합계:판매량' 을 클릭합니다.

05 [값 필드 설정]을 클릭하여 [사용할 함수]에 '평균' 을 선택하고 [표시 형식] 단추를 선택합니다.

06 [표시 형식]-[숫자]-[소수 자릿수]- '1' 을 선택하고 [확인] 단추를 두 번 클릭합니다.

07 「B5:B14」, 「D5:D14」 영역을 블록 지정을 한 후 [홈]-[표시 형식]- '쉼표 스타일(,)' 을 적용합니다.

피벗 테이블의 '오피스' 항목만 필터링해 보아요.

	A	B	C	D
1	분류	(모두)		
2				
3		값		
4	행 레이블	합계 : 가격	평균 : 판매량	합계 : 판매 금액
5	바둑한자	9,000	360.0	3,240,000
6	소프트웨어 공학	22,000	650.0	14,300,000
7	엄마도 놀이 전문가	12,000	260.0	3,120,000
8	엑세스 기본+실무완성	23,000	800.0	18,400,000
9	입학사정관제 특강	14,000	400.0	5,600,000
10	정보 데이터 통신	20,000	720.0	14,400,000
11	제과제빵 기능사 합격 비법	21,000	540.0	11,340,000
12	컴퓨터과학총론	22,000	320.0	7,040,000
13	프레젠테이션 기획&실무 테크닉	18,000	600.0	10,800,000
14	엑셀 2010 활용, 실습	16,000	920.0	14,720,000
15	총합계	177000	557.0	102960000
16				

	A	B	C	D
1	분류	오피스		
2				
3		값		
4	행 레이블	합계 : 가격	평균 : 판매량	합계 : 판매 금액
5	엑세스 기본+실무완성	23,000	800.0	18,400,000
6	프레젠테이션 기획&실무 테크닉	18,000	600.0	10,800,000
7	엑셀 2010 활용, 실습	16,000	920.0	14,720,000
8	총합계	57000	773.3	43920000
9				

01 보고서 필터인 '분류'의 드롭다운 단추(▼)를 선택한 후 '오피스'를 선택하고 [확인] 단추를 클릭합니다.

02 피벗 테이블을 클릭한 상태에서 [피벗 테이블 도구]-[디자인]-'피벗 스타일 어둡게 4'를 선택하여 스타일을 변경합니다.

03 [피벗 테이블 도구]-[옵션]-[옵션]-[옵션]을 선택하여 [피벗 테이블 옵션] 대화상자가 표시되면 '레이블이 있는 셀 병합 및 가운데 맞춤' 항목을 체크합니다.

04 피벗 테이블의 결과를 확인합니다.

완성파일:완성₩도서판매현황.xlsx

피벗 테이블을 이용하여 장난감 가게 판매 현황표를 만들어 보세요.

	A	B	C	D	E	F
1		장난감가게 판매현황				
2						
3		분류	상품	단가	판매량	판매금액
4		디즈니완구	라이트닝맥퀸	48000	630	30240000
5		디즈니완구	버즈 라이트	55000	420	23100000
6		로봇	엑실리온	12000	700	8400000
7		브랜드완구	디오라마세트	36000	260	9360000
8		작동완구	뮤직회전 동물원	48000	330	15840000
9		작동완구	피자놀이 세트	22000	710	15620000
10		작동완구	기타4줄악기 놀이	16000	550	8800000
11		로봇	아기공룡 디노	52500	550	28875000
12		브랜드완구	MAN 소방차	77000	400	30800000
13		디즈니완구	말하는 스파이더맨	75000	540	40500000
14						

- 글꼴:맑은 고딕
- 크기:26
- 기타:굵게

- 글꼴:맑은 고딕
- 크기:12

	A	B	C	D
1	분류	작동완구		
2				
3		값		
4	행 레이블	평균 : 단가	합계 : 판매량	합계 : 판매금액
5	기타4줄악기 놀이	16,000	550	₩8,800,000
6	뮤직회전 동물원	48,000	330	₩15,840,000
7	피자놀이 세트	22,000	710	₩15,620,000
8	**총합계**	**28,667**	**1590**	**₩40,260,000**
9				

Hint

❶ 장난감 가게 판매 현황 데이터를 입력한 후 [삽입]-[피벗테이블]-[피벗 테이블]-[확인] 단추를 클릭합니다.

❷ [보고서에 추가할 필드 선택]에서 '상품', '단가', '판매량', '판매금액'을 체크하고 '분류'를 [보고서 필터]로 드래그하여 추가합니다.

❸ [열 레이블]-[값] 필드에서 '합계:단가'를 클릭하여 '값 필드 설정'을 선택하고 [사용할 함수]-'평균', [표시 형식]-[숫자]-'1000 단위 구분 기호 사용'을 지정합니다.

❹ [열 레이블]-[값] 필드에서 '합계:판매금액'을 클릭하여 '값 필드 설정'을 선택하고 [표시 형식]-[통화]-[기호]-'₩'를 선택합니다.

❺ '분류'의 드롭다운 단추(▼)를 선택한 후 '작동완구'를 선택하고 [확인] 단추를 클릭합니다.

❻ [피벗 테이블 도구]-[디자인]-'피벗 스타일 보통 13'을 선택하여 스타일을 변경합니다.

01 한글 프로그램에서 아래와 같은 문서를 스스로 만들어 보세요.

글맵시 – 견고딕, 채우기 : 멜론색(RGB:105,155,55)
[진한 피망색(RGB:43,142,421]
크기 : 너비(100mm), 높이(20mm)
위치 : 글자처럼 취급, 가운데 정렬

머리말(궁서, 9pt, 오른쪽 정렬) — DIAT

어린이의 건강한 성장 특강

진하게, 기울임

성장기 어린이의 건강한 성장을 위한 1일 특강을 드림스퀘어에서 명인대학교 소아청소년과 김재윤 교수와 명인병원 이영지 영양사를 초빙하여 진행하고자 합니다. 학부모와 아이가 함께 참여할 수 있는 이번 특강은 1부, 2부로 나뉘어 진행됩니다. 1부에서는 김재윤 교수가 아이들 성장장애 요인에 대한 설명과 성장호르몬 분비를 위한 충분한 수면방법, 성장판을 자극하는 운동법 등에 대해 강의를 진행할 예정이며, 2부에서는 이영지 영양사와 함께 성장기 아이들에게 꼭 필요한 영양소를 채울 수 있는 영양교육 및 간단한 건강주스를 만드는 체험교육이 진행될 예정이오니 부모님들의 많은 관심과 참여 바랍니다.

돋움, 가운데 정렬

문자표 — ◎ 교육일정 ◎

1. 신청기간 : 2016. 12. 19(월) ~ 23(목)
2. 교육일시 : 2017. 01. 21(토) 10:00 ~ 15:00
3. 교육주제 : *<u>우리아이의 건강한 성장을 위한 올바른 습관과 영양</u>* — 기울임, 밑줄
4. 교육장소 : 드림스퀘어 4층 문화홀
5. 교육인원 : 20명 정원(아동 20명, 학부모 20명)

문자표

※ 기타사항

- 교육신청은 드림스퀘어 홈페이지(http://www.diat.or.kr)에서만 가능하며 자세한 사항은 문화홀 교육센터 담당자(02-344-1234)에게 문의해 주시기 바랍니다.
- 원활한 교육진행을 위해 초등학생 아동 1명과 학부모 1명만 참여 가능합니다.
- 교육에 참여하신 모든 분들께 성장체조 포스터와 건강주스 책을 무료로 드립니다.

왼쪽여백 : 16pt
내어쓰기 : 12pt

2016. 12. 12. — 12pt, 가운데 정렬

드림스퀘어 문화홀 — 궁서, 20pt, 가운데 정렬

02 파워포인트 프로그램에서 도형을 이용해 아래와 같은 문서를 스스로 만들어 보세요.

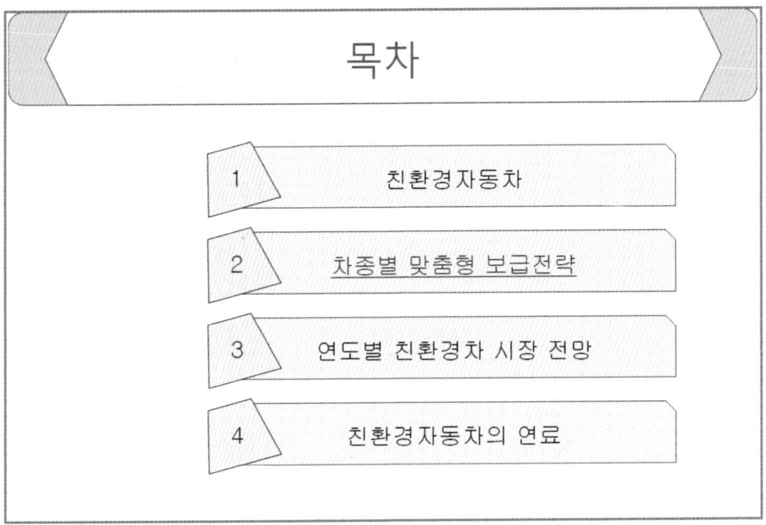

03 파워포인트 프로그램에서 표를 이용해 아래와 같은 문서를 스스로 만들어 보세요.

차종별 맞춤형 보급전략

	차종별	현재 여건	보급 전략
하이브리드차	현재형	다양한 차종 연료비 절감 가격경쟁력 확보	소비자 선호에 따른 시장경쟁 위주의 보급 보조금 지원 및 일부 세제 감면
전기차	현재형+가까운 미래형	가격경쟁력 향상 차종의 점차적 확대	시장경쟁 확보 이전 차량 보조금, 충전 시설 설치 지원
수소연료전지차	미래형	미래형 친환경자동차 유력	세계 시장 선점 지원 공공부문 중심 시범 보급

04 엑셀 프로그램에서 함수 계산이 포함된 아래와 같은 문서를 스스로 만들어 보세요.

중고 자동차 수출 현황

결재	담당	팀장	부장

자동차 명	제조사	출고연도	배기량 (단위:CC)	구분	수출가격	수출수량 (단위:대)	수출순위	수출 총금액
AVANTE	현대자동차	2006	1,591	소형 승용	3,430,000원	780	1	2,676,000,000
REXTON	쌍용자동차	2010	2,157	RV	5,470,000원	123		673,000,000
PRIDE	기아자동차	2011	1,591	소형 승용	4,790,000원	80		384,000,000
SM3	삼성자동차	2010	1,598	소형 승용	6,780,000원	154	2	1,045,000,000
ACCENT	현대자동차	2008	1,368	소형 승용	2,250,000원	107		241,000,000
TRAJET	현대자동차	2006	2,700	승합	5,500,000원	36		198,000,000
SANTAFE	현대자동차	2009	2,000	RV	4,900,000원	147	3	721,000,000
SOUL	기아자동차	2011	1,591	소형 승용	9,000,000원	84		756,000,000
최저 수출가격			2,250,000원		소형 승용 수출수량 합계			1,205
수출수량이 평균 이상인 자동차 수			1대		자동차 명	REXTON	수출수량 (단위:대)	123

05 엑셀 프로그램에서 고급 필터 기능을 이용하여 아래와 같은 문서를 스스로 만들어 보세요.

중고 자동차 수출 현황

결재	담당	팀장	부장

자동차 명	제조사	출고연도	배기량 (단위:CC)	구분	수출가격	수출수량 (단위:대)	수출순위	수출 총금액
AVANTE	현대자동차	2006	1,591	소형 승용	3,430,000원	780	1	2,676,000,000
REXTON	쌍용자동차	2010	2,157	RV	5,470,000원	123		673,000,000
PRIDE	기아자동차	2011	1,591	소형 승용	4,790,000원	80		384,000,000
SM3	삼성자동차	2010	1,598	소형 승용	6,780,000원	154	2	1,045,000,000
ACCENT	현대자동차	2008	1,368	소형 승용	2,250,000원	107		241,000,000
TRAJET	현대자동차	2006	2,700	승합	5,500,000원	36		198,000,000
SANTAFE	현대자동차	2009	2,000	RV	4,900,000원	147	3	721,000,000
SOUL	기아자동차	2011	1,591	소형 승용	9,000,000원	84		756,000,000
최저 수출가격			2,250,000원		소형 승용 수출수량 합계			1,205
수출수량이 평균 이상인 자동차 수			1대		자동차 명	REXTON	수출수량 (단위:대)	123

제조사	배기량 (단위:CC)
삼성자동차	
	>=2000

자동차 명	제조사	출고연도	배기량 (단위:CC)	구분	수출가격	수출수량 (단위:대)	수출순위	수출 총금액
REXTON	쌍용자동차	2010	2,157	RV	5,470,000원	123		673,000,000
SM3	삼성자동차	2010	1,598	소형 승용	6,780,000원	154	2	1,045,000,000
TRAJET	현대자동차	2006	2,700	승합	5,500,000원	36		198,000,000
SANTAFE	현대자동차	2009	2,000	RV	4,900,000원	147	3	721,000,000